Verlag für moderne Kunst

Entwurfsanlagen
Denken mit Modellen

Drafting Facilities
Thinking with Models

Hannes Brunner
Hanno Depner
Daniela Domeisen
Lorena Jaume-Palasí
Henning Klodt
Markus Landert
Warren Neidich
Susanne Prinz
Astrid Staufer und / and
Paolo Vitali

Hannes Brunner (*1956) ist Kultur-
schaffender. Er studierte Fotografie
und Bildhauerei in Kassel, Theater
in Barcelona und Architektur in Zürich.
Er setzt sich international für eine
künstlerisch forschende transdiszipli-
näre Vermittlung ein. Unter anderem
lehrte er an den Hochschulen der Kunst
und Gestaltung in Basel, Sierre und
Bern, an der New York University Berlin
und dem Royal College of Art, London;
er engagierte sich zudem in der
Hochschulleitung des New York Institute
of Technology und der Deutschen
Kunsthochschulen in Kiel und Berlin
Weißensee. Über die letzten Jahrzehnte
entwickelte er ein eigenes Verständnis
skulpturalen Handelns, worin Sprache
und gedankliche Darstellungen sich
eng mit dem materiell realisierten
Modell verbinden. Seine Installationen
und Objekte werden international
gezeigt und gehören zum Bestand
etlicher Sammlungen der Schweiz,
Deutschlands und den USA.

Vorwort

Hannes Brunner, Markus Landert, Susanne Prinz

Diese Publikation widmet sich der Frage, welche Funktion Modelle in der heutigen Wissensgesellschaft haben können. Anstoß zu dieser Textsammlung boten zwei Ausstellungen des Schweizer Künstlers Hannes Brunner, in dessen Schaffen die Arbeit mit Modellen einen zentralen Stellenwert einnimmt. Statt über die Vorgehensweise in der Kunst zu schreiben, äußern sich Spezialistinnen und Spezialisten unterschiedlicher Wissensgebiete über ihre Vorstellung von Modellen. Damit ergeben sich spannende Ergänzungen und gegenseitige Hinterfragungen.

Die Produktion von Modellen gehört schon seit Jahrhunderten zu den Arbeitsinstrumenten von Kunstschaffenden, von Gestalterinnen und Gestaltern der Welt, von Kreativen jeder Art. Modelle dienen dazu, Vorstellungen von geplanten oder in Auftrag gegebenen Werken zu konkretisieren. Sie sind Instrumente des Entwerfens, in denen Ideen Form finden, die damit auch kommunizierbar werden. Modelle fördern den Austausch und die Diskussion. Längst aber kommen sie weit über den Kunst- und Gestaltungsbereich hinaus zur Anwendung, weil sich mit ihrer Hilfe Vorstellungen komplexer Dinge oder Ideen soweit hinunterbrechen lassen, dass sie zugänglich, verständlich und überprüfbar werden. Modelle erfassen Wirklichkeit und überführen die Informationen darüber in eine begreifbare Form.

Sie beziehen sich auf einen Gegenstand oder Sachverhalt mit dem Ziel, diesen verstehen zu können, und übersetzen abstrakte Informationen in einen sinnlich wahrnehmbaren Zustand. Modelle sind immer gleichermaßen Abstraktion und sinnliche Präsenz.

Heute öffnen computergestützte Bild- und Formgebungsverfahren neue Möglichkeiten des Denkens in und mit Modellen. Vermehrt sind es Rechenmodelle und Animationen, in denen sich das Denk- und Machbare ausdrückt. Solche modellierten Aussagen sind wirkmächtig, weil sie die riesigen Datenmengen und die oft widersprüchlichen Informationen ordnen und verfügbar machen. Dabei geht oft vergessen, dass die Datenlage noch eine vorläufige ist und die Grundannahmen eines Modells nicht bewiesen sind. Aus diesem Grund wird die Geste händischer Behandlung von Material zur Gewinnung eines Modells bereits zu einer Provokation. Das Improvisierte, auch dies eine Eigenheit früherer Modelle, hat – vermeintlich – ausgedient.

Es gibt keine universellen Regeln, wie Modelle zu konstruieren sind, wie ihre Beziehung zum dargestellten Sachverhalt gestaltet ist oder welche Funktion sie haben. Diese Unsicherheit entsteht auch dadurch, weil sie in den verschiedenen Wissensbereichen ganz unterschiedliche Aufgaben übernehmen können. So kommen Modelle etwa als Instrumente der Wissenserzeugung durch die Hervorbringung von Informationen zum Einsatz, sie dienen der ordnenden Sinnstiftung in Anbetracht einer Überfülle an Informationen oder sie werden als Entwurfsinstrument auf der Suche nach gültigen Formen eingesetzt.

Das vorliegende Buch verfolgt nicht die Absicht, eine umfassende Modelltheorie zu entwerfen. Die hier zusammengestellten Texte sollen anhand von Beispielen aus mehreren Wissensgebieten aufzeigen, wie unterschiedlich Modelle genutzt werden. Spezialistinnen und Spezialisten aus Architektur, Kunst, Philosophie, Neuropsychologie, Klimawissenschaft oder Ökonomie und Künstlicher Intelligenz haben sich über das Funktionieren von Modellen oder Modellvorstellungen in ihrem Fachbereich Gedanken gemacht. Die Texte werden unvermittelt nebeneinandergestellt, in der Hoffnung, die Vielfalt des Einsatzes von Modellen sowie deren Unterschiedlichkeit aufscheinen zu lassen.
Dies kann durchaus zu Missverständnissen führen.
Die Herausgeber hoffen aber eher auf eine gegenseitige Neugierde und Befruchtung.

Es ist die Neugierde der Kunstschaffenden, hier vertreten durch Hannes Brunner, die zum Ausgangspunkt für eine Auseinandersetzung mit einer Denkstrategie wird, die aber nicht nur in der Kunst zur Anwendung kommt. Mit dem Blick über den eigenen Tellerrand hinaus ist der Anspruch begründet, dass die Kunst mehr als nur Unterhaltung, mehr als nur Beschäftigung mit sich selbst sein will; dass sie im Zusammenspiel mit den anderen Wissensbereichen einen wichtigen Beitrag leistet zur Frage, wie denn Wirklichkeit erfahren und verstanden werden kann.

Hannes Brunner (*1956) is involved in culture. He studied photography and sculpture in Kassel, theater in Barcelona and architecture in Zurich. He is internationally committed to research-based transdisciplinary artistic mediation. Among other things, he taught at the universities of art and design in Basel, Sierre and Bern, at the New York University Berlin and the Royal College of Art, London. He was also working in the university management of the New York Institute of Technology and the German art academies in Kiel and Berlin Weißensee. Over the past few decades he has developed his own understanding of sculptural action, in which language and mental representations are closely linked to the materially realized model. His installations and objects are shown internationally and are part of the inventory of numerous collections in Switzerland, Germany, and the USA.

Foreword

Hannes Brunner, Markus Landert, Susanne Prinz

This publication investigates the function that models could have in today's knowledge-based society. And the trigger for collecting these texts was provided by two exhibitions of the Swiss artist Hannes Brunner, in whose oeuvre working with models plays a central role. However, rather than inviting a number of authors to write about the artist's way of working, it seemed that it would be even more promising to ask experts from a range of specialist areas about their approach to models. This generated some fascinating new insights and reciprocal reflections.

The production of models has featured amongst the tools of artists, of those who shape our world, of creative individuals of every type, for centuries. Models enable us to concretize concepts for planned or commissioned works. They are design instruments, in which ideas are given form and, hence, can also be communicated. Models facilitate exchange and discussion. But they have also long been used beyond the borders of art and design, because they help us to break down concepts involving complex things or ideas in ways that make them accessible, understandable, and verifiable. Models capture reality and convert information about this reality into a tangible form. They refer to an object or a situation with the aim of making it comprehensible and they structure abstract information in a way that allows it to be appreciated and tested. Models are always both abstraction and sensual presence, in equal measure.

Today, computer-based imaging and shaping techniques are opening up new possibilities for thinking in and with models. Digital models and animation are increasingly being used to express the thinkable and the doable. Such modeled propositions are highly effective, because they introduce order to huge quantities of data and often contradictory information, although we frequently forget that the data situation is provisional and that the basic assumptions of the model have yet to be proved. This is why the very gesture of manually manipulating material in order to create a model is already a provocation. Improvisation, which was also a characteristic of earlier models, has – ostensibly – served its purpose.

There are no universal rules about how to construct models, about how to shape their relationship with the situation that they are representing, or about what functions they have. This uncertainty also arises from the fact that they are able to assume very different roles in the various specialist areas. Hence, models can be used as instruments for creating knowledge via the generation of information, as a means of introducing meaningful structure when we have too much of this information, or as an instrument of design by those searching for valid forms.

This book has no intention of developing a comprehensive model theory. The texts gathered here seek to show how different models are used, on the basis of examples drawn from a number of areas of knowledge.

Experts from the fields of architecture, art, philosophy, neuropsychology, climate science, economics, and artificial intelligence have considered how models or modeled visualizations function in their specialist areas. The texts are placed alongside each other without mediation, in the hope of highlighting both the diversity of models and the wide variety of ways in which they are used. This can naturally lead to misunderstandings. But, if anything, the editors trust that it will result in mutual curiosity and enrichment.

Due to its origins in the cultural field, the publication has something of an artistic lean. It is the curiosity of the artist, embodied here by Hannes Brunner, which becomes a starting point for the investigation of a way of thinking that is not only used in the arts. Looking over the horizon enables us to substantiate the claim that art can be more than just entertainment, more than just a form of preoccupation with the self; and that, in interaction with other areas of knowledge, it can make an important contribution to the question of how reality can be experienced and understood.

Rather than being guided by any clear objective, the selection of these texts was driven by the inquisitive-ness and the intuitive quest for knowledge of the editors. This means that it is even more important that we thank the authors who agreed to participate in such an experiment.

Astrid Staufer (*1963) studierte Architektur an der ETH in Zürich. Gemeinsam mit Thomas Hasler führt sie seit 1994 ein Architekturbüro in Frauenfeld. Als Dozentin lehrte sie in Zürich, Winterthur und Lausanne. Seit 2011 ist sie Professorin für Hochbau und Entwerfen am Institut für Architektur der Technischen Universität Wien.

Paolo Vitali (*1971) promovierte in Architektur und Städtebau am Politecnico in Mailand, wo er nun auch als außerordentlicher Professor lehrt. Sein Forschungsinteresse gilt den Raumformen zeitgenössischer Städte, dem italienischen Modernismus sowie der Industriearchitektur und -kultur.

Das Modell als Idee des Raums

Paolo Vitali im Austausch mit Astrid Staufer

„Postremo, eadem cum modulis exemplaribusque mandassem, nonnumquam singula repetenti evenit, ut me etiam numerum fefellisse deprehenderim."[1]
Leon Battista Alberti: *De re ædificatoria decem,* IX, 10

Vor ein paar Jahren lernte ich in Wien die Architektin und Architekturprofessorin Astrid Staufer kennen. Der große Seminarraum des Instituts für Architektur und Entwerfen an der Fakultät für Architektur und Raumplanung der Technischen Universität Wien, wo sie gemeinsam mit ihrem Büropartner Thomas Hasler lehrt, war voller Modelle in unterschiedlichsten Größen, Maßstäben und Materialien und in verschiedensten Abstraktionsgraden. Die Vielzahl stiller, geordneter Formen sagte allein durch ihre Anwesenheit mehr über die hier gelehrte Methodik des Entwurfsprozesses und der Formfindung aus, als jedes von einer Modellierungssoftware erzeugte Bild es je hätte tun können. Dieser Raum, in dem wir uns zum ersten Mal über die Bedeutung des Modells für die Architektur unterhielten, ist nicht nur eine Ausbildungsstätte; er ist auch eine Absichtserklärung.

---

1 „Hatte ich schließlich hiervon Modelle und Kopien hergestellt, da kam es mir manchmal beim Durchgehen aller Einzelheiten vor, mich dabei zu ertappen, daß ich mich auch in den Zahlen (Maßen) getäuscht hatte", Max Theuer (Hg.), Leon Battista Alberti: *Zehn Bücher über die Baukunst,* Wien 1912 (Reprint Darmstadt).

„Modell" als Begrifflichkeit

Als Begriff, der sich auf die Darstellung der Wirklichkeit
– und auf deren Kenntnis – bezieht, ist „Modell" ein
Wort mit vielen Implikationen; er eröffnet ein unermess-
liches Feld an philosophischen und erkenntnistheoreti-
schen Fragestellungen, evoziert gleichzeitig Aspekte
des Maßes, der Norm, des Rhythmus, des Modus, der
Grenze, der „Idealform", aber auch des „Paradigmas".
Diese Vielheit von Zugängen schließt zahlreiche
Wissensgebiete mit ein und wirft weitgreifende Fragen
auf, gerade auch zum Umgang mit der Idee von
„Ähnlichkeit"[2]. Ein Modell kann die Realität reproduzie-
ren oder – im Fall des Entwurfs – eine Idee als erst
imaginierte Realität wiedergeben. In diesem Sinne
agiert es stets als Vermittler zwischen Gedanken und
Realität, aber auch als kreative, zugleich kognitive
und kommunikative Strategie. In diesem Sinne umfasst
das Modell die Gesamtheit der Operationen zur Darstellung eines Objekts oder einer Idee, dient aber auch
der Veranschaulichung formaler, struktureller oder
funktionaler Hypothesen. Als Begrifflichkeit vereinigt es
Kunst, Wissenschaft und Technologie.

Angesichts der geschilderten Komplexität kann der
Begriff auch im Bereich der Architektur nicht einfach
und eindeutig eingegrenzt werden. Ein Blick in das
Wörterbuch genügt, um seine Mehrfachbedeutung
innerhalb der Disziplin auszumachen: „In der Architektur
ist ein Modell eine Konstruktion, die üblicherweise
in einem erheblich verkleinerten Maßstab die genauen
Formen und Merkmale eines Werks in der Entwurfs-
phase zu Anschauungs- oder Versuchszwecken repro-

2 Tomás Maldonado, *Reale e virtuale*, Mailand 2015 (1992), S. 101, Übersetzung
Astrid Staufer.

duziert."[3] So weist etwa der Maler, Gestalter, Theoretiker und Philosoph Tomás Maldonado darauf hin, dass „nicht alle Modelle das gleiche Verhältnis zur Ähnlichkeit haben, weder qualitativ noch quantitativ"[4]. Er schlägt eine Klassifizierung der Modelle in drei Kategorien vor: Homologie (in Bezug auf die Struktur), Analogie (in Bezug auf Struktur und Funktion) und Isomorphie (in Bezug auf Struktur und Form). Und gelangt zur Erkenntnis, dass das Architekturmodell in Bezug zur Realität, die es darstellen will, nur isomorph[5] sein könne.

„Voraussehen"

Was also ist das Modell in der Architektur? Modelle haben im Verlauf der vergangenen Epochen innerhalb der Disziplin bereits eine Vielzahl an Bedeutungen und Zwecken durchlaufen. Immerhin scheinen die Interpretationen darin übereinzustimmen, dass es ab einem bestimmten Punkt vom einfachen Präsentationsinstrument, das es seit Urzeiten gewesen war[6], zum Planungsinstrument mutierte: Es wurde zum Objekt, mit dem die Projektidee[7] schrittweise verfeinert werden kann, indem es ermöglicht, Alternativen durch den Austausch seiner Teile zu untersuchen, den Bauprozess zu überprüfen, die Baustelle zu organisieren und mit

3 Dizionario Treccani unter www.treccani.it/enciclopedia/modello (abgerufen am 22.11.2022), Übersetzung Astrid Staufer.
4 Wie Anm. 2, Maldonado 2015 (1992), S. 101.
5 „Gleichgestaltig", von gleicher Form, hier verstanden im Sinne der äußeren Erscheinung.
6 „Mit Sicherheit haben die griechischen und römischen Architekten, und vor ihnen auch die sumerischen Tomás ägyptischen, Modelle von zu errichtenden Bauten ihren Bauherren zur Überzeugung und Genehmigung vorgelegt", in: Claudio Piga, *Storia dei modelli. Dal tempio di Salomone alla realtà virtuale*, Bergamo 1996, S. 47, Übersetzung Astrid Staufer.
7 Der Begriff des „Projekts" bezeichnet im Folgenden den gesamten Planungs- und Arbeitsprozess zum Herstellen oder Verändern eines Bauobjekts.

den Ausführenden zu kommunizieren. Nach Ansicht vieler Autoren fällt dieser Übergang mit der Revolution in der Raumauffassung zusammen, die – basierend auf der Entdeckung der Perspektive durch Filippo Brunelleschi – in der Renaissance eingeleitet wurde. Verbunden mit dieser neuen Auffassung von Raum und Architektur wird das Modell zu einem Mittel der Ideenfindung. Rudolf Arnheim hält dazu fest, dass mit diesem Wandel in der Renaissancekultur auch ein Wissen um die Differenz zwischen Modell und Realität erkennbar sei (er spricht in diesem Zusammenhang von qualitativ unterschiedlichen visuellen Erfahrungen[8]). Dadurch wurde das Modell als Untersuchungswerkzeug für eine vor allem auf Proportionsverhältnissen beruhende Architektur infrage gestellt. So soll etwa Palladio auf die Anwendung von Modellen verzichtet haben im Wissen, dass die Differenz zwischen Modell und realem Bau zu Wahrnehmungsverschiebungen führen kann.

Dimension und Interpretation

Eines der berühmtesten Modelle der Architekturgeschichte der Renaissance ist das große Holzmodell für den Petersdom, das Antonio da Sangallo der Jüngere zwischen 1539 und 1546 entworfen und in Auftrag gegeben hat.[9] Mit seinen außergewöhnlichen Dimensionen – einer Gesamthöhe von 4,68 m, einer Breite von

8 Rudolf Arnheim, *La dinamica della forma architettonica*, Mailand 1977, S. 143–144.
9 Der Modellbau wurde unter der Leitung des Architekten Antonio Labacco (Antonio d'Abaco), einem engen Mitarbeiter von Sangallo, ausgeführt und kostete insgesamt 4 800 Scudi – eine enorm hohe Summe, mit der damals eine mittelgroße Kirche erbaut werden konnte. Von Juli 1539 bis Ende 1546, als Sangallo bereits tot war, dauerte es sieben Jahre, um dieses grandiose Holzmodell im Maßstab 1:30 zu entwickeln. Als Papst Paul III. Michelangelo am 1. Januar 1547 zum Bauverantwortlichen ernannte, wurde das Projekt sistiert.

6,02 m und einer Länge von 7,36 m – zeugt es einerseits von der Bereitschaft der Auftraggeber, enorme Kosten für den Modellbau in Kauf zu nehmen, nicht zuletzt, um damit die herausragende Bedeutung dieses Projekts für die Christenheit zu demonstrieren. Andererseits eröffnete die Größe des Modells eine zusätzliche Möglichkeit: Es konnte betreten werden, was noch einmal zu ganz neuen Erkenntnisqualitäten führte. Darüber hinaus repräsentiert das Modell von St. Peter auch einen neuen Entwurfsansatz. Sangallo inszeniert mit ihm eine geradezu übersteigerte Betonung der Fügungsprozesse von architektonischen Elementen und rückt deren kombinatorische Interpretation in den Fokus. Er distanziert sich damit vom klassischen Kanon eines Bramante oder eines Michelangelo, welche die Architektur stets im Sinne des einheitlichen Ganzen als plastische Masse verstanden hatten.

So wird das Modell von St. Peter zu einem Essay über das Zusammenführen architektonischer Elemente, sowohl in formaler wie auch in konzeptioneller Hinsicht. Gleichzeitig ist es aber auch eine Vorwegnahme des (nur von innen wahrnehmbaren) räumlichen Effekts des fertigen Werks, an den man sich durch „subtile Anpassungen" am Modell prozesshaft annähern kann.

Welche Art von Modell?

Es wurde also möglich, an den Modellen Teile zu
ergänzen, zu entfernen, auszutauschen und umzubau-
en, ohne sie zu beschädigen – und zwar so lange, bis
alle Teile korrekt und richtig passen.[10] Dadurch wird der
Modellbau zur „Feldforschung", zu der uns Maldonado
mit dem Begriff des „Plastischen" einen wichtigen
Interpretationsschlüssel liefert: „Der Begriff 'plastisch'
beschreibt in diesem Zusammenhang die Idee eines
physischen Konstrukts, das so modelliert werden kann,
wie wenn ein Bildhauer mit einem Material wie Ton
Formen gestaltet. 'Plastik' als Synonym für das Modell
umschreibt also nicht die Produktion eines definitiven
und abschließend gestalteten Objekts, sondern einen
offenen Prozess, der durch eine Abfolge von Eingriffen,
in ständigem Retuschieren und Überdenken vollzogen
wird."[11] Diese Eigenschaft macht das Modell für einige
Zwecke geeignet, für andere ungeeignet.

Es ist die Vielstufigkeit des Entwurfsprozesses, der
das Architekturmodell als wesentliches Momentum
zum Verständnis dieser Zusammenhänge rechtfertigt.
Paradoxerweise ist es aber so, dass das physische
Modell zwar ein prozesshaftes, d.h. interpretatives und
seinen finalen (gebauten) Zustand suchendes Bedürf-
nis abdeckt, gleichzeitig aber auch eine eigene Autonomie gegenüber der realisierten Architektur bean-
sprucht. Dadurch eröffnet es auch ein großes Potenzial
als didaktisches Instrument. Das Modell bietet nämlich
die Möglichkeit, die Art und Weise, wie die zusammen-

10 „Hier kann man [die Modelle] auch ungestraft vergrößern, verkleinern,
ändern, erneuern und gänzlich umgestalten, bis alles ordentlich zusammen-
stimmt und Beifall findet", wie Anm. 1, Alberti: Theuer, Wien 1912.
11 Wie Anm. 2, Maldonado 2015 (1992), S. 100.

gesetzten Elemente interagieren, auf eigene Weise zu hinterfragen. Hier stimmt die Wirkungsebene – also die Grammatik oder die Syntax eines Werks – nicht immer mit dessen struktureller, also statischer Funktion überein. In der westlichen Architektur sind die griechischen Tempel ein interessantes Beispiel für ein solches Auseinanderklaffen von visueller Wirkung und geometrischer baulicher Struktur. Die griechischen Architekten setzten bewusst optische Verfeinerungen ein, indem sie etwa Sockelzonen und Gebälk zur Gebäudemitte hin leicht nach oben krümmten oder die Säulen fein zur Gebäudemitte hin neigten, um das Gebäude „eleganter" oder „richtiger" erscheinen zu lassen. Sie korrigierten mit großem Aufwand die Form, um eine bestimmte visuelle Wirkung zu erreichen, was die Interaktion von Effekt und Geometrie respektive die jeweilige Autonomie voneinander zu demonstrieren vermag.

Dieses Beispiel legt offen, wie bei formalen Entscheiden die „Wahrheit" der Wahrnehmung die geometrische „Wahrheit" der strukturellen Bedürfnisse dominiert. Modelle sind ein wichtiges Instrument, um solche Effekte zu planen.

Es kann also von einer „Permanenz des Bildes" in der kollektiven Erinnerung ausgegangen werden. Darauf spielt etwa der Titel der Lehrpublikation *Ikonen* von Staufer & Hasler an der TU Wien[12] an, der impliziert, dass Architektur stets die „materielle Deklination" von symbolischen Referenzen und konzeptionellen Modellen ist. In diesem Spannungsfeld zeigt sich die Stärke des Architekturmodells, weil es als konstanter Vermittler

12 Lorenzo De Chiffre, Thomas Hasler, Astrid Staufer (Hg.): *Ikonen. Methodische Experimente im Umgang mit architektonischen Referenzen,* Zürich 2018.

fungiert, um die Annäherung zwischen konzeptioneller Idee und räumlicher Realität zu überprüfen und zu thematisieren.

Formale Autonomie

„Zweifellos hat der Modellbau eine entscheidende Rolle bei der Konsolidierung des Architekten als einer Figur gespielt, die sich von der des mittelalterlichen Baumeisters unterscheidet und diesem sogar entgegensteht."[13] Mit der Renaissance, insbesondere mit Alberti, löst sich das Modell aus seiner dienenden Dimension, um Autonomie und kulturelle Würde zu erlangen; es erobert sich damit eine kulturelle Eigenständigkeit als ein Werk des schöpferischen Geistes. Als Instrument zur Bewertung der Anordnung seiner Teile wird es zu einem Mittel der Projektüberprüfung[14], wobei der Prozess der formalen Auseinandersetzung mit konzeptuellen Vorgaben an sich schon einen Erfahrungswert hat. Und so übersteigt die Erstellung von Modellen in der Renaissance die rein kommunikative (und persuasive) Dimension, die sie bislang charakterisiert hatte. Hier sind wiederum die Worte Albertis aufschlussreich: „Auch glaube ich, darf ich keineswegs unerwähnt lassen, was sehr wichtig ist, daß nämlich auf Glanz hergerichtete und sozusagen durch das Lockmittel der Malerei aufgeputzte Modelle vorzuweisen nicht das Vorgehen eines Architekten ist, der die Sache genau auseinanderzusetzen bestrebt ist, sondern eines Selbstsüchtigen, der versucht, den Beschauern die Augen auszuwischen, ihre Aufmerksamkeit aber von

13 Wie Anm. 2, Maldonado 2015 (1992), S. 101.
14 Wie Anm. 7.

einer eingehenden Untersuchung der zu prüfenden Teile ab- und der Bewunderung seiner Person zuzuwenden. Deshalb soll man keine kunstvoll ausgeführten, ausgefeilten, ins Auge fallenden, sondern schlichte und einfache Modelle machen, an denen Du den Geist des Erfinders, nicht aber die Hand des Verfertigers bewunderst."[15] Die Forschungsperspektive, die Alberti mit seiner Modellarbeit eröffnete, sollte fortan zu einer Konstante im architektonischen Entwurf werden, indem die physische Dimension des Modells mit immer ausgefeilteren grafischen Darstellungstechniken komplementär verschränkt wurde.

Es lohnt sich also zu verstehen, welche Eigenschaften das physische Modell zu einem wirksamen Arbeitsinstrument machen. Gemäß Staufer wird es dort unverzichtbar, wo die Physis des Raums eine maßgebliche Rolle spielt und die raumwahrnehmungsmäßigen Manipulationen anhand des Modells erfahrbar gemacht werden können. So gibt es in der modernen Architektur überzeugende Beispiele, in denen der Modellbau im Entwurfsprozess, aber auch in der Lehre eingesetzt wurden. Drei repräsentative Beispiele mögen diese nicht zu unterschätzende Bedeutung illustrieren:

• In der architektonischen Bewegung des De Stijl stellte der Modellbau die grundlegende Aktivität des Entwurfsprozesses dar. Gerrit Rietveld entwickelte 1924 beim Schröder-Haus in einem ersten Modell die grundlegende Lösung, um sie in einem zweiten und schließlich in einem dritten Modell im Maßstab 1:25 zu verfeinern.

15 Wie Anm. 1, Alberti: Theuer, Wien 1912.

• Jean Prouvé testete am Conservatoire national des arts et métiers das intuitive Potenzial seiner Schüler, indem er ihnen Aufgaben stellte, die durch direkte Manipulation am Modell gelöst werden mussten. Den Händen wurde dabei ebenso viel Wert beigemessen wie dem Verstand.

• Jørn Utzon fand 1961 beim Experimentieren mit Studienmodellen die finale Lösung für die Dachkonstruktion des Sydney Opera House. Die Flächen aller Dachschalen wurden dabei aus einer einzigen Kugel gewonnen, indem er diese in einzelne Segmente zerschnitt. Die physische Segmentierung und Neuanordnung der Teile im Raum bildeten so die Voraussetzung für die Lösungsfindung.

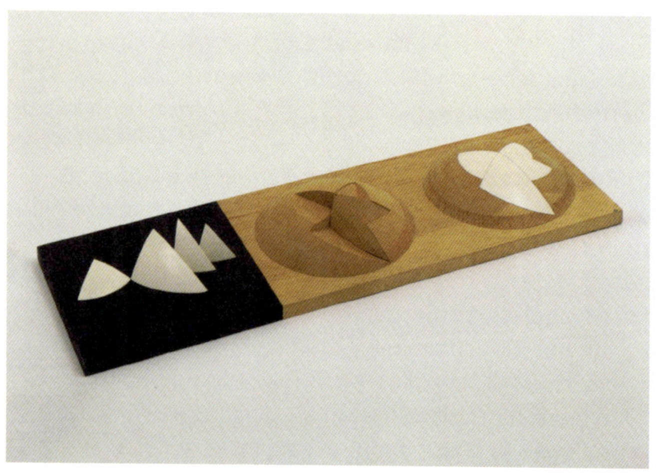

Modell von Jørn Utzon für die Dachgestaltung des Opernhauses in Sydney

Die Rückkehr des Architekturmodells

Die Entwicklung computergestützter Entwurfspraktiken hat in den letzten Jahrzehnten den Planungspro-
zess tiefgreifend verändert. Es stellt sich die Frage, ob
materiell realisierte Modelle ihre Bedeutung im Entwurfsprozess verlieren: Ermöglichen nicht digitale
3D-Modellierungen in Form von Renderings mit vergleichsweise geringem materiellem (und finanziellem)
Aufwand die Visualisierung räumlicher Effekte, die bis
anhin durch die Konstruktion von Modellen erprobt
worden waren? Das Gegenteil ist der Fall.

In den letzten Jahrzehnten erlangte das Architekturmodell in Form von Ausstellungen und Veröffentlichungen
wieder vermehrte Aufmerksamkeit. Erwähnenswert
sind unter anderem eine monografische Ausgabe der
Zeitschrift Rassegna mit dem Titel *Maquette* (32, 1987)
unter der Leitung von Vittorio Gregotti, aber auch
die Ausstellung *Rinascimento. Da Brunelleschi a
Michelangelo: La rappresentazione dell'architettura*[16],
die 1994 im Palazzo Grassi in Venedig organisiert und
von Henry Millon und Vittorio Magnago Lampugnani
kuratiert wurde. Es kann kein Zufall sein, dass diese
Wiederbelebung mit dem Aufkommen digitaler Technologien zusammenfiel. Vermutlich hat dieses Interesse mit der fehlenden „formalen Autonomie" des virtuellen Modells zu tun. Im Gegensatz zu diesem erlaubt es
das physische Modell, die visuelle und vor allem räumliche Wirkung des morphogenetischen, also gestaltge-
benden Prinzips eines Werks zu überprüfen.

16 Die Ausrichtung ist wissenschaftlich und didaktisch zugleich. Das Katalog-
titelbild zeigt das Gemälde von Domenico da Passignano mit dem Titel
Michelangelo präsentiert Papst Pius IV. das Modell des Petersdoms im Vatikan
(1618/19).

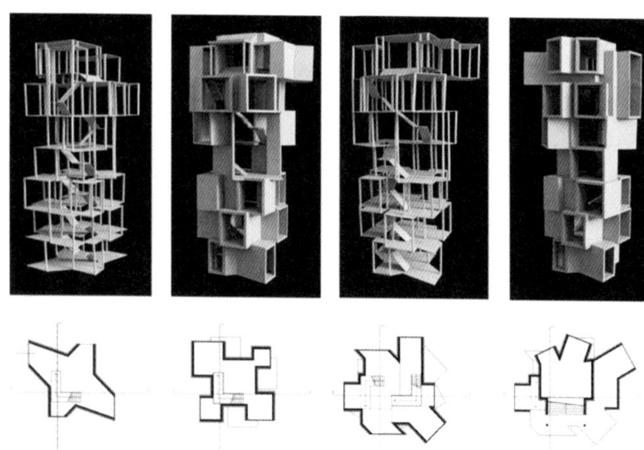

Konzeptmodelle (in Ableitung der Ikone Immeuble d'habitation rue Franklin von Auguste Perret, Paris 1904) zur Projektentwicklung im Grundkurs der Professur Staufer & Hasler an der TU Wien

Die in der Avantgardekunst des 20. Jahrhunderts erkennbare Tendenz zur Konzeptualisierung hat – wie oben gezeigt – in ihrem steten Bestreben, die Struktur der dargestellten Welt herauszuarbeiten, die Rolle des physischen Modells im Bereich von Entwurf und Lehre neu befruchtet.[17] Die großen Vorzüge der Arbeit mit Modellen liegen darin, dass diese ein formales Prinzip veranschaulichen und – visuell und gleichzeitig materiell – eine Idee des Raums vermitteln können. Über die kommunikative Funktion hinaus, den Bauher-

17 „Der Künstler, sagt Klee, muss sich an den Punkt stellen, an dem die Dinge entstehen, an dem die Genese als Schöpfung stattfindet, an dem die wirbelnden Kräfte die ursprünglichen Formen erzeugen, die allen Wesen, den Menschen, den Pflanzen, den Mineralien und allen Elementen gemeinsam sind. Der Künstler ahmt nicht die von der Natur hervorgebrachten Formen nach, sondern den genetischen Entstehungsprozess, das morphogenetische Prinzip, dem sie entstammen; er ahmt nicht die Natur als geschaffene nach, sondern als *natur-ans*, als Schöpfungsprozess", Giuseppe Di Napoli: *I principî della forma. Natura, percezione e arte,* Turin 2011, S. XVIII, Übersetzung Astrid Staufer.

ren zu überzeugen, wird die Bedeutung des Modells
in der zeitgenössischen Architektur, also im Zeitalter
der digitalen Modellierung, evident. So löst gerade das
Aufkommen des Digitalen, das dem Architekturmodell
das Aus hätte bescheren können, eine Phase aus,
in der sich ein digitales und analoges Modell für viele
Architekturschaffende nicht ausschließen, sondern
interaktiv ergänzen.

Raum und – Licht!

„Im digitalen Zeitalter", so Staufer, „ist eine Vernachläs-
sigung der Lichtgestaltungskontrolle im Raum
erkennbar. Was im virtuellen Modell durch Manipulation korrigiert werden kann und in der Realität
durch Kunstlicht korrigiert werden muss, ist dabei nur
im physischen Modell wahrhaftig evaluierbar."[18]
Astrid Staufers Überlegungen zum architektonischen
Modell und seiner Anwendung im Entwurf beginnen
also am Ende, d.h. beim Ergebnis. Und wenn es
stimmt, dass das Modell keine eindeutige und vorher-
bestimmte Funktion innerhalb des Entwurfsprozesses
hat, besteht doch kein Zweifel daran, dass es für
viele Architektinnen und Architekten trotz digitaler
Verfahren noch immer eine bedeutende Rolle in der
Projektentwicklung spielt: Es ist das einzige Instrument,
das es in fortschreitender Verfeinerung ermöglicht,
die Anordnung all seiner Teile, die wechselseitigen
Beziehungen zwischen den verschiedenen Komponenten und ihre jeweiligen Hierarchien, die Wirkung
des Lichts im geplanten Raum und schließlich die Form
als Ganzes im Licht zu bewerten.

18 Astrid Staufer im Gespräch mit Hannes Brunner und dem Autor am
12.9.2022.

Das Licht wird zum eigentlichen, zum wahren Material
der Gestaltung. Es ist das Licht, das dem Raum erst
seine Qualität verleiht, das eine Vorstellung von Raum,
ja, ein Konzept von Raum bestimmt. In einer solchen
Architekturvision wird die Kontrolle des Lichts, oder
besser das Verständnis seiner Wirkung auf den projek-
tierten Raum fundamental. Es muss mit der Idee des
Raums in Übereinstimmung gebracht werden, was
durch eine angemessene Anordnung der architektonischen Elemente erreicht wird.

Für diesen Entwurfsvorgang ist eine Annäherung
mit architektonischen Modellen in verschiedenen
Maßstäben und unterschiedlichen Abstraktionsgraden
unerlässlich. Dafür wird im Grundkurs von Staufer &
Hasler an der TU Wien für jeden Entwurfsschritt
ein spezifischer Typus von Modell gefordert: Dem
maßstäblichen Analysemodellausschnitt einer „Ikone"
im ersten Übungsschritt („Be-Greifen") folgt das
unmaßstäbliche Konzeptmodell im zweiten Schritt
(„Interpretieren"), wo die im Analysemodell erkannten
Aspekte verdichtet und transformiert werden. Im
letzten Schritt („Ausformulieren") wird schließlich das
auf bestimmte Wirkungsbereiche fokussierte und
wieder maßstabsgetreue Projektmodell erstellt. Ergän-
zend dazu finden digital (und in Skizzenform) zeichneri-
sche Untersuchungen zu Oberflächen, Materialwirkung
und Atmosphäre statt. Diese Methodik wird seit
mehr als einem Jahrzehnt an der Abteilung Hochbau &
Entwerfen von Staufer & Hasler erforscht und hat
sich auch in der praktischen Büroerfahrung über lange
Jahre hinweg bewährt.

Auf der Ebene der Konzeptentwicklung, so Astrid Staufer, sei das analoge Modell oft effektiver als das digitale, da sich der vermeintliche Vorteil des virtuellen Modells – sein konstanter 1:1-Maßstab – in der Konzeptphase durch „Überdefiniertheit" oft als problematisch erweise. Dies führe dazu, dass nicht nur die Hierarchie der Elemente, sondern auch die Hierarchie der Probleme verlustig gehen könne. Der Mehraufwand, der für das physische Modell parallel zum mittlerweile üblichen digitalen 3D- bzw. BIM-Modell geleistet werden muss, zahle sich zugunsten einer umfassenden Qualität und Dauerhaftigkeit eines Gebäudes aus.[19]

Das physische Architekturmodell ist in seinem Wesen also gleichzeitig konzeptionell und materiell, was ohne die hier angeführten Betrachtungen widersprüchlich erscheinen könnte. Als Konzeptmodell hat es zwar oft wenig mit dem finalen Projekt gemein; es ist aber ein unverzichtbares Instrument zur Erlangung eines vertieften Verständnisses von Zusammenhängen. Und schließlich wird es zu einem „a posteriori-Modell", um das Wesen des Projekts, die Tektonik der Materialien, die Struktur des Raums, die Beziehung zwischen Struktur und Form verstehen und erfassen zu können. Die Behauptung der Wichtigkeit des physischen Architekturmodelles für eine effektive und effiziente Kontrolle des Entwurfsprozesses rückt erneut die beschriebene Hauptlinie ins Zentrum, die in der Renaissance definiert worden war. Sie bringt wieder jene Entwurfspraktiken ins Spiel, die mit dem Aufkommen von digitalen Entwurfspraktiken zum Aussterben verurteilt schienen, und verleiht ihnen neuen Wert.

19 Vgl. Anm. 17.

Astrid Staufer (*1963) studied architecture at ETH Zurich. She has run an architectural office in Frauenfeld together with Thomas Hasler since 1994. As a lecturer, she has taught in Zurich, Winterthur, and Lausanne. She has been Professor of Building Construction and Design at the Institute of Architecture and Design of TU Wien since 2011.

The Italian architect Paolo Vitali (*1971) graduated in architecture and urban planning from Politecnico di Milano, where he now teaches as an adjunct professor. His research interests are the spatial forms of contemporary cities, Italian Modernism, and industrial architecture and culture.

The Model as a Notion of Space

Paolo Vitali in exchange with Astrid Staufer

„Postremo, eadem cum modulis exemplaribusque mandassem, nonnumquam singula repetenti evenit, ut me etiam numerum fefellisse deprehenderim.“[1]

Leon Battista Alberti: *De re aedificatoria decem*, IX, 10

A couple of years ago I got to know the architect and professor of architecture Astrid Staufer in Vienna. The large seminar room of the Institute of Architecture and Design of the Faculty of Architecture and Planning of TU Wien, where she teaches together with her office partner Thomas Hasler, was full of models in a wide range of sizes, scales, and materials and highly differing degrees of abstraction. The mere presence of this wealth of silent, structured forms said more about the methodology behind the design and form-finding process that is taught in this institute than any image generated by a modeling software could possibly do. This space, in which we discussed the significance of the model in architecture for the very first time, is not only a place of learning but also a statement of intent.

---

1 "Finally, when I pass from the drawings to the model, I sometimes notice further mistakes in the individual parts, even over the numbers", Leon Battista Alberti: *On the Art of Building in Ten Books*, transl. and ed. by Joseph Rykwert et al., Cambridge, Mass.: The MIT Press 1988, p. 317.

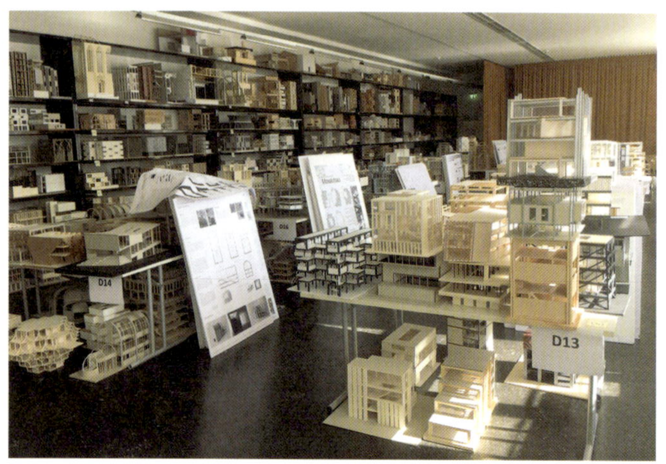

The large seminar room of the Institute of Architecture and Design of the Faculty of Architecture and Planning of TU Wien

"Model" as terminology

As a term that is related to the representation – and the understanding – of reality, "model" is a word with many implications; it opens up a vast array of philosophical and epistemological questions, while simultaneously evoking such aspects as dimension, norm, rhythm, modus, boundary, and "ideal form" as well as "paradigm". This multiplicity of approaches incorporates numerous fields of knowledge and raises far-reaching questions, especially in terms of how we deal with the notion of "similarity".[2] A model can reproduce reality or – in the case of the design process – reproduce an idea as a reality that is merely imagined. In this sense, it constantly acts as a mediator between ideas and reality, but also as a creative yet, at the same time,

2 Tomás Maldonado: *Reale e virtuale*, Milan 2015 (1992), p. 101.

cognitive and communicative strategy. Bearing this in mind, the model embodies the entire operation of representing an object or an idea, while also allowing us to visualize formal, structural, or functional hypotheses. Terminologically, it unites art, science, and technology.

Given the complexity described above, it is also difficult to clearly position the term in the field of architecture. A glance at the dictionary illustrates its multiple meanings within the discipline: "In architecture, a model is a construction, usually at a considerably reduced scale, which reproduces the precise forms and characteristics of a work during the design phase for purposes of demonstration or experimentation."[3] Hence, for example, the painter, designer, theorist, and philosopher Tomás Maldonado points out that "not all models have the same qualitative or quantitative relationship with resemblance."[4] He proposes the classification of models in three categories: homologous (vis-à-vis structure), analogous (vis-à-vis structure and function), and isomorphic (vis-à-vis structure and form). And he arrives at the conclusion that the relationship between an architectural model and the reality it is seeking to represent can only be isomorphic.[5]

3 Dizionario Treccani (www.treccani.it/enciclopedia/modello, retrieved 22.11.2022), transl. from the German translation by Rupert Hebblethwaite.
4 See note 2, Maldonado 2015 (1992), p. 101, transl. from the German translation by Rupert Hebblethwaite.
5 "Being of identical or similar form, shape, or structure": understood here in the sense of the external appearance.

"Anticipation"

So what is a model in architecture? Models have enjoyed a multitude of meanings and purposes within the discipline across the ages. But interpretations of the role of the model at least seem to agree that, at some point, it mutated from being the simple instrument of presentation that it had always been[6] into an instrument of design. Due to the way in which it permits the investigation of alternatives (by exchanging its constituent parts), the control of the building process, the organization of the building site, and communication with the builders, the model became an object, a tool, for gradually refining the project idea.[7]

According to many authors, this mutation coincides with the revolution in spatial perception that was ushered in during the Renaissance by Filippo Brunelleschi's discovery of perspective. In the wake of this new notion of space and architecture, the model becomes a means of developing ideas. Rudolf Arnheim believes that this transformation in the culture of the Renaissance is also accompanied by a recognition of the difference between a model and reality (in this context, he speaks of qualitatively different visual experiences).[8] This led to the questioning of the model's suitability for the investigation of an architecture that was principally based on proportional relationships.

6 "Greek and Roman and also, before them, Sumerian and Egyptian architects certainly presented models of proposed buildings to their clients in order to convince them and gain their approval", Claudio Piga: *Storia dei modelli. Dal tempio di Salomone alla realtà virtuale,* Bergamo 1996, p. 47, transl. from the German translation by Rupert Hebblethwaite.
7 Here, the term "project" describes the entire design and working process for realizing or altering a built object.
8 Rudolf Arnheim: *La dinamica della forma architettonica,* Milan 1977, pp. 143–44.

For example, Palladio appears to have refrained from using models in the knowledge that the difference between a model and a real building can lead to a shift in perception.

Dimension and interpretation

One of the most famous architectural models of the Renaissance is the monumental wooden model of St. Peter's Basilica that was designed and commissioned by Antonio da Sangallo the Younger between 1539 and 1546.[9] With its extraordinary dimensions – a total height of 4.68 m, a width of 6.02 m, and a length of 7.36 m – it is testimony, on the one hand, to the clients' readiness to accept the enormous cost of building such a model, not least as a means of demonstrating the huge importance of the project for Christendom. On the other hand, the size of the model opened up a further possibility: It could be entered, which led to a completely different quality of perceptual experience.

In addition to this, the model of St. Peter's also represents a new design approach. By using it to produce an almost exaggerated process of joining architectural elements, Sangallo switches the focus to connective interpretation. In doing so, he distances himself from the classical canon of a Bramante or a Michelangelo,

9 The construction of the model was supervised by the architect Antonio Labacco (Antonio d'Abaco), a close colleague of Sangallo, and cost a total of 4,800 Scudi – a huge sum, with which a medium-sized church could have been built at the time. It took seven years, from July 1539 to the end of 1546, when Sangallo was already dead, to develop this grandiose wooden model with a scale of 1:30. When Pope Paul III made Michelangelo responsible for the construction of St. Peter's on 1st January 1547, the project was suspended.

who had always seen architecture as a plastic material in the sense of the unified whole. Rather, the model of St. Peter's becomes an essay about the amalgamation of architectural elements from both the formal and conceptual points of view. At the same time, however, it also anticipates the spatial effect of the finished work, which can only be perceived internally but which one can approach sequentially via "subtle adaptations" of the model.

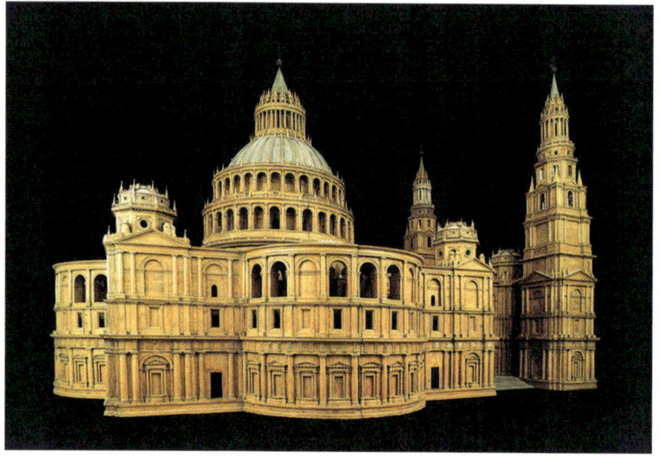

Wooden model of St. Peter's Basilica that was designed and commissioned by Antonio da Sangallo the Younger between 1539 and 1546

Which sort of model?

Hence, it became possible to adapt models – to add, remove, exchange, and modify elements – without damaging them, until every part was correct and fitted perfectly.[10] In this way, modelmaking became a form of "field research", which Maldonado helps us to understand by introducing the crucial notion of the "plastic": "In this context, the term 'plastic' describes the idea of a physical construct that can be modeled in the same way as a sculptor shapes a material such as clay. As a synonym for the model, 'plastic' describes not the production of a definitive and conclusively designed object, but an open process that takes the form of a sequence of interventions and constant retouching and rethinking."[11] This characteristic makes models suitable for certain purposes and unsuitable for others.

It is the sequential nature of the design process that justifies the role of the architectural model as a key driver for understanding interrelationships. Paradoxically, however, while the physical model may meet an interpretative need as it searches for its own final (built) form, it still retains an autonomous status vis-à-vis the realized architecture. And it is this that gives it its enormous potential as a didactic instrument. For the model offers an opportunity to question, in its own way, the manner in which the combined elements interact. Here, for example, the level of impact – the grammar or the syntax – of a work doesn't always

10   "It [the model] will also allow one to increase or decrease the size of those elements freely, to exchange them, and to make new proposals and alterations until everything fits together well and meets with approval", see note 1, Alberti ed. Rykwert 1988, p. 34.
11   See note 2, Maldonado 2015 (1992), p. 100.

concur with its structural function. In western architecture, the Greek temples are an interesting example of such a divergence between visual effect and geometrical built structure. The Greek architects made knowing use of optical refinements, as exemplified by the way in which they gently curved the bases and beams upwards or subtly inclined the columns towards the center of the temple in order to lend it a "more elegant" or "more correct" appearance. The great lengths to which they went to correct the form in order to achieve a specific visual appearance demonstrates both the interaction between and the autonomy of effect and geometry.

This example reveals how, in formal questions, the "truth" of perception prevails over the geometrical "truth" of structural necessity. Models are a vital instrument for planning such effects.

Hence, we can make assumptions about a "permanence of the image" in the collective memory. This is hinted at in the title of the publication *Ikonen,* which accompanies the teaching of Staufer & Hasler at TU Wien[12] and implies that architecture has always been the "material declination" of symbolic references and conceptual models. It is in this context that the architectural model demonstrates its power as a permanent intermediary, whose role is to examine and highlight the convergence of the conceptual idea and spatial reality.

12 Lorenzo De Chiffre, Thomas Hasler, Astrid Staufer (eds.): *Ikonen,* Zurich 2018.

Formal autonomy

"The building of models was clearly central to the consolidation of the role of the architect as a figure who differentiates himself from, and is even a sort of rival to, the medieval builder."[13] The Renaissance and, in particular, the writings of Alberti, marks the moment at which the model moves beyond its subservient role and achieves both autonomy and cultural dignity and, in doing so, establishes its cultural independence as a work of the creative spirit. As an instrument for evaluating the arrangement of its own parts it becomes a means of reviewing a project,[14] whereby the process of formally examining conceptual parameters also has an empirical value. Thus, the building of models in the Renaissance surpasses the purely communicative (and persuasive) dimension that has characterized it to date. Here, Alberti's words are once again highly revealing: "There is a particularly relevant consideration that I feel should be mentioned here: the presentation of models that have been colored and lewdly dressed with the allurement of painting is the mark of no architect intent on conveying the facts; rather it is that of a conceited one, striving to attract and seduce the eye of the beholder, and to divert his attention from a proper examination of the parts to be considered, toward admiration of himself. Better then that the models are not accurately finished, refined, and highly decorated, but plain and simple, so that they demonstrate the ingenuity of him who conceived the idea, and not the skill of the one who fabricated the model."[15]

13 See note 2, Maldonado 2015 (1992), p. 101.
14 See note 7.
15 See note 1, Alberti ed. Rykwert 1988, p. 34.

The research perspective that Alberti opened up with his work on models went on to become a constant feature of architectural design, in that the physical dimension of the model became synergistically intertwined with ever more sophisticated techniques of graphic representation.

Hence, it is worthwhile trying to understand which characteristics of the physical model ensure that it is an effective working instrument. According to Staufer, models are indispensable when the nature of the space plays a significant role and they are able to demonstrate the impact of manipulating this space on how it is perceived. In this sense, modern architecture offers convincing examples of the use of models in both the design process and in teaching. Three representative examples illustrate this role, whose importance should not be underestimated:

• Modelmaking formed the basis of the design process of the architectural movement De Stijl. In his first model of the Schröder House in 1924, Gerrit Rietveld developed a basic solution that he went on to refine in a second and, finally, a third model at the scale of 1:25.

• Jean Prouvé tested the intuitive potential of his students at the Conservatoire national des arts et métiers by setting them tasks that they had to solve by directly manipulating a model. In doing this, he attributed the same importance to the hands as to the brain.

• In 1961, Jørn Utzon developed the final design for the roof structure of the Sydney Opera House by experimenting with study models. His idea was to form all the shell-like elements of the roof by cutting up a single sphere into individual segments. It was this physical segmentation and spatial rearrangement of these elements that enabled him to find this solution.

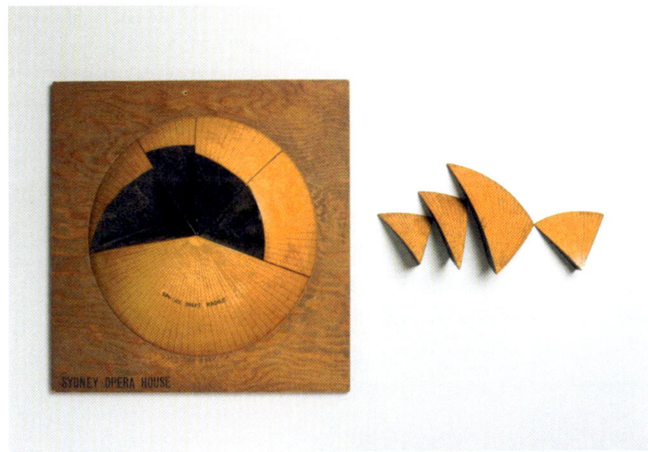

Model by Jørn Utzon showing the design of the roof of Sydney Opera House

The return of the architectural model

Over the course of the past few decades, the development of computer-supported design methods has profoundly changed how we plan buildings. This raises the question of whether materially realized models are losing their significance in the design process: Do the renderings generated from digital 3D models not enable us to visualize the spatial effects that we previously investigated by making models at comparatively little material (and financial) cost? The opposite is the case.

In recent decades, the architectural model has regained attention through exhibitions and publications. Examples of this include the monographic edition of the journal Rassegna entitled *Maquette* (32, 1987), which was edited by Vittorio Gregotti, and the exhibition "The Renaissance from Brunelleschi to Michelangelo. The Representation of Architecture",[16] in the Palazzo Grassi in Venice in 1994, which was curated by Henry Millon and Vittorio Magnago Lampugnani.

It cannot be a coincidence that this revival took place in parallel with the emergence of digital technologies. This interest could be connected with the virtual model's lack of "formal autonomy". In contrast with this, the physical model enables us to examine the visual and, above all, the spatial impact of the morpho-genetic – the shaping – principle behind a work.

As shown above, the tendency towards conceptualization and the constant aspiration of 20th-century art to capture the structure of its subject have reinvigorated the role of the physical model in the area of design and teaching.[17] The major advantages of working with models can be found in the fact that these illustrate a formal principle, while also being able to communicate an idea of space that is simultaneously visual and

16 The focus of the exhibition is both scientific and didactic. The image on the cover of the catalog features Domenico da Passignano's painting *Michelangelo shows Pope Pius IV the model of St. Peter's in the Vatican,* (1618/19).
17 "Klee says that the artist must position himself at the point at which things emerge, at which the genesis of creation takes place, at which swirling forces produce the original forms that are common to all beings, people, plants, minerals, and elements. The artist copies not the forms created by nature but, rather, the genetic process of formation, the morphogenetic principle from which they emerge; he copies nature not as a created object but *as natura naturans,* as a creative process", Giuseppe Di Napoli: *I principî della forma. Natura, percezione e arte,* Turin 2011, p. XVIII, transl. from the German translation by Rupert Hebblethwaite.

material. In the age of digital modeling, the importance of the model for contemporary architecture – beyond its communicative function of convincing the client – becomes obvious. Hence, the true impact of the emergence of the digital, which could have meant the end of the architectural model, is its triggering of a phase in which, for many architects, digital and analog models are not mutually exclusive but, rather, interactively complementary.

Space and – light!

"In the digital age," says Astrid Staufer, "we seem to disregard the importance of evaluating how light shapes space. This quality, which can be corrected by manipulation in a virtual model and must be corrected by artificial lighting in real spaces, can only be truly investigated in a physical model."[18] Accordingly, Staufer's thoughts about the architectural model and its use in design begin at the end of the process or, in other words, with the finished object. And even if it is true that the model has no clear and predetermined function in the design process, there can still be no doubt that, for many architects, it continues to play a crucial role in the development of projects, regardless of all the digital possibilities: It is the only instrument that, via a process of progressive refinement, enables us to evaluate the configuration of the parts of a project, the relationship between and hierarches of all its components, and the impact of light in the planned spaces and, finally, upon the form as a whole.

18 Astrid Staufer in a conversation with Hannes Brunner and the author, 12.9.2022.

In this sense, light becomes the actual, the true design material. It is light that gives space its essential quality and determines our expectations of and our concept for this space. In such a vision of architecture, the control of the light or, better still, the understanding of its impact upon the proposed space is fundamental. It must be aligned with our idea of the space and this can be achieved by the appropriate configuration of the architectural elements.

One essential aspect of this design method is a familiarity with architectural models in a wide range of scales and degrees of abstraction. To this end, Staufer & Hasler's foundation course at TU Wien requires a specific type of model for every step of the design process: The scaled analytical model of a detail from an "icon" in the first phase of the exercise ("understand") is followed by a scaleless conceptual model in the second phase ("interpret"), in which the aspects identified in the analytical model are taken further and transformed. The final phase ("formulate") then involves the creation of the project model, which focusses on the specific area of intervention and is, once again, true-to-scale. The process is enhanced by digital (and sketched) graphic investigations of surfaces, material effects, and atmospheres. This method has been researched by Staufer & Hasler at the Section for Building Construction and Design for more than a decade and has proved its worth in practical office situations over many years.

According to Astrid Staufer, the analog model is often more effective than the digital model during the concept development process due to the fact that the virtual model's apparent advantage – its constant 1:1 scale – often results in the disadvantage of "over-definition". This can lead designers to lose sight of not only the hierarchy of elements, but also the hierarchy of problems. The extra work that one must invest in creating a physical model in parallel with the now customary digital 3D or BIM model is rewarded by the deeper quality and sustainability of the finished building.[19]

In its essence, the physical architectural model is thus both conceptual and material – a combination that, in the absence of the above argument, could appear paradoxical. As a conceptual model, it may often have little in common with the final project and yet it is an indispensable instrument for achieving a deeper understanding of relationships. And, finally, it becomes an "a posteriori model" that enables us to understand and capture the essence of a project, the tectonics of materials, the organization of spaces, and the relationship between structure and form.

This insistence upon the importance of the physical architectural model for an effective and efficient control of the design process brings us back to the aforementioned central role defined in the Renaissance. It revives those design practices destined for extinction due to the emergence of digital methods, and gives these practices an entirely new relevance.

19 Cf. note 17.

Henning Klodt (*1952) studierte Volks-
wirtschaftslehre an der Universität
Kiel, wo er 1984 zur *Produktivitäts-
schwäche in der deutschen Wirtschaft*
promovierte. Bis 2017 war er Leiter
des Zentrums Wirtschaftspolitik am
Institut für Weltwirtschaft in Kiel.
In seiner Forschung beschäftigt sich
Hennig Klodt mit den Ursachen
und Auswirkungen der Globalisierung,
der europäischen Integration sowie
mit dem Strukturwandel zur Wissensgesellschaft.

Modelle in den Wirtschaftswissenschaften

Henning Klodt

1. Auf der einsamen Insel

Wer das Wesen seines eigenen wissenschaftlichen Fachs besser kennenlernen will, tut manchmal gut daran, sich die Witze anzuschauen, die Wissenschaftler anderer Fächer über ihn machen. Hier ein typisches Beispiel eines Witzes über uns Ökonomen:

Ein Physiker, ein Chemiker und ein Ökonom stranden auf einer einsamen Insel. Sie haben als einzige Nahrung eine Dose Corned Beef (ohne Ringpull) und beratschlagen, wie sie die Dose öffnen können. Der Physiker bastelt aus Ästen und Steinen, die am Strand liegen, eine Hebelkonstruktion, aber die Dose bleibt verschlossen. Der Chemiker setzt die Dose im Meereswasser der Korrosion aus, wobei er die Sonnenstrahlen nutzt, um die Korrosion zu beschleunigen, aber die Dose bleibt verschlossen. Mit wenig Hoffnung sehen sie jetzt den Ökonomen an. Der strahlt vor Zuversicht und sagt: „Nehmen wir an, wir hätten einen Dosenöffner.“

Der Insel-Ökonom hat offenbar eine Modellwelt vor Augen, in der das benötigte Werkzeug zur Verfügung steht. Unter dieser Annahme wäre sein Modell zweifelsohne nützlich – für die Situation auf der Insel war es aber leider nicht zu gebrauchen.

2. Das Meer der Tatsachen ist stumm

Nicht nur in Witzen wird uns Ökonomen gerne vorge-
worfen, in einer Modellwelt zu leben, anstatt sich
mit dem realen Leben zu befassen. Unsere Analysen
seien wirklichkeitsfremd und für die Praxis nicht zu
gebrauchen. Auch die Ausbildung an den Hochschulen
solle praxisnäher werden, um im Berufsleben besser
verwertet werden zu können. Von Ökonomen wird
zuallererst erwartet, dass sie sich mit Wirtschaftssta-
tistiken auskennen, um auf dieser Grundlage ihre
Analysen und Prognosen zu erstellen. Ob wir dafür
Modelle verwenden oder nicht, ist der Öffentlichkeit
dabei herzlich egal.

Doch geht es wirklich ohne Modelle? Wenn wir uns als
Ökonomen darauf beschränken wollten, nur Daten zu
sammeln, müssten wir ja zunächst einmal entscheiden,
welche Daten denn gesammelt werden sollen. Angesichts der unendlichen Masse an Daten in unserer Welt,
ist eine Beschränkung unerlässlich. Die Entscheidung
darüber, wie diese Beschränkung konkret ausfallen soll,
setzt gewisse modelltheoretische Vorstellungen
darüber voraus, welche Daten für welche Fragestellung
relevant sind und welche nicht.

Nach erfolgter Datensammlung brauchen Ökonomen
ein Modell, um die Daten interpretieren zu können.
Bei diesen Interpretationen geht es in aller Regel um
die Identifizierung kausaler Zusammenhänge. Dafür ist
es notwendig, die Daten zu kategorisieren, um nach
stabilen Zusammenhängen zwischen diesen Kategorien suchen zu können. Indem wir Kategorien bilden
und Aussagen über die Beziehungen zwischen diesen
Kategorien bilden, haben wir bereits ein Modell

konstruiert. Dieses Modell können wir dann anhand der gesammelten Daten überprüfen. Wenn sich dabei die modelltheoretischen Aussagen über die Zusammenhänge zwischen den Kategorien nicht als stabil erweisen, haben wir offenbar ein ungeeignetes Modell gewählt.

Datensammlung und Modellbildung gehen also notwendigerweise Hand in Hand. Schon der österreichische Ökonom Joseph Alois Schumpeter (1883–1950) stellte fest: „Das Meer der Tatsachen ist stumm." Wir können hinzufügen, dass dieses Meer auch stumm bleiben wird, wenn wir über keinerlei Modelle zur Tatsacheninterpretation verfügen. Modelle sind für geeignete Fragen an die Tatsachen unerlässlich. Die Überprüfung dieser Fragen anhand der Tatsachen wiederum bietet die Möglichkeit, zwischen geeigneten und ungeeigneten Modellen zu unterscheiden.

Als Zwischenfazit lässt sich festhalten, dass ökonomische Analysen ohne Modelle unmöglich sind. Doch geht es auch nur mit Modellen, d.h. ohne Tatsachen? In der Ökonomie sicherlich nicht. Aber vielleicht in anderen Disziplinen wie in der Philosophie. Georg Wilhelm Friedrich Hegel (1770–1831) wurde bei der Verteidigung seiner Philosophischen Dissertation über die Planetenbahnen an der Universität Jena mit der Tatsache der Entdeckung eines achten Planeten unseres Sonnensystems konfrontiert, den es nach seinen Modellen nicht hätte geben dürfen. Hegel soll darauf geantwortet haben: „Umso schlimmer – für die Tatsachen." Ich möchte mir hier als Fachfremder kein endgültiges Urteil erlauben, vermute aber, dass auch die Philosophie nicht ganz ohne Tatsachen auskommt.

3. Landkarten statt Landschaftsgemälde

Eine weitere populäre Kritik an Ökonomen lautet, dass die von uns verwendeten Modelle nicht realitätsgetreu genug seien. Dabei wird die Realitätsnähe oftmals als ultimative Anforderung formuliert, die selbst keiner Begründung bedürfe. Aus dem Blick gerät dabei allzu leicht, dass Modelle auch zu realitätsnah sein können. Die britische Ökonomie-Nobelpreisträgerin Joan Robinson (1903–1983) erläuterte dies mit einer Analogie, nach der ein völlig realitätsgetreues Modell so nützlich sei wie eine Landkarte im Maßstab 1:1.

Die Analogie zur Landkarte macht darüber hinaus deutlich, dass es nicht nur ein einziges Modell geben kann, das alles erklärt. Es gibt Straßenkarten, Seekarten, Wanderkarten usw. Welche Art von Landkarte (bzw. welches ökonomische Modell) angemessen ist, hängt von der jeweiligen Fragestellung ab. Gute Modelle konzentrieren sich auf die Dinge, die für die jeweilige Fragestellung relevant sind, und lassen die irrelevanten Details weg. Schlechte Modelle (und die gibt es zuhauf) blenden die relevanten Dinge aus und verschwenden Zeit und Raum mit der Darstellung irrelevanter Dinge.

Diese Überlegungen mögen trivial erscheinen, aber sie spielen in den Wirtschaftswissenschaften eine nicht zu unterschätzende Rolle. Die Karrierechancen junger Wissenschaftler hängen entscheidend davon ab, ob sie ausreichend Publikationen in renommierten Fachzeitschriften vorweisen können (und das ist auch gut so). Dabei sind die Chancen, die eigene Arbeit vom Herausgeber der Fachzeitschrift akzeptiert zu bekommen, in aller Regel besser, wenn sie ein formales, mathematisch ausformuliertes Modell enthält (und das ist nicht gut so). Ob dieses Modell relevant für die Fragestellung ist, erscheint gelegentlich weniger wichtig als die Frage, ob überhaupt ein hinreichend komplexes Modell präsentiert wird.

Eine solche Verengung birgt die Gefahr, dass sich die Ökonomie im gesellschaftlichen Diskurs selbst marginalisiert. Das wäre schade, denn die höchste Dynamik in den Wirtschaftswissenschaften findet sich in den Grenzgebieten zu anderen wissenschaftlichen Disziplinen. An vorderster Stelle ist dabei die Sozialpsychologie zu nennen, von der die Wirtschaftswissenschaften vielfältige neue Anregungen und Horizonterweiterungen erhalten (behavioral economics). Aber auch mit dem Staatsrecht und der Geschichtswissenschaft ergeben sich immer öfter äußerst fruchtbare Überlappungen (institutional economics). In diesen angrenzenden Wissenschaften spielt die Mathematisierung eine vergleichsweise kleine Rolle, sodass sich die Ökonomie beträchtlicher Entwicklungschancen berauben könnte, wenn sie allzu sehr darauf beharrt, dass wirtschaftswissenschaftliche Argumentationen auf formalen Modellen beruhen sollten.

4. Die Rolle der Mathematik in ökonomischen Modellen

Damit sind wir bei der Frage angelangt, wodurch sich Modelle in der Ökonomie auszeichnen. Vor dem Hintergrund der vorangegangenen Erwägungen sind ökonomische Modelle vereinfachte, reduzierte Abbildungen der Wirklichkeit. Dabei geht es natürlich nicht um alle möglichen Kategorien von Wirklichkeit, sondern um die Wirklichkeiten des ökonomischen Handelns von Menschen – seien diese Konsumenten, Produzenten,

Politiker, NGOs, Staaten und Staatenbünde oder auch andere wirtschaftliche Akteure.

Modelle können in unterschiedlichen Sprachen kommuniziert werden. Die Mathematik ist dabei nur eine unter vielen. Sie hat ohne Zweifel den Vorteil, dass sie besonders geeignet ist, logische Inkonsistenzen in der Argumentation aufzudecken, aber sie ist keineswegs die einzig valide Sprache. Und sie hat den unverkennbaren Nachteil, dass sie die Kommunikation mit anderen Sozialwissenschaften oftmals unnötig erschwert. Auch hier gilt: Es gibt kein generelles Richtig oder Falsch, sondern es kommt auf die jeweilige Zielsetzung an.

In den vergangenen Jahrzehnten hatte es den Anschein, dass der Trend in der Ökonomie eindeutig hin zu formalen, mathematisch formulierten Modellen geht. Diese Entwicklung begann schon in den 1930er- und 1940er-Jahren, als die Ökonomie mehr und mehr von der stark mathematisierten angelsächsischen Wissenschaft geprägt wurde und die einstmals dominierende deutschsprachige Ökonomie immer mehr in den Hintergrund geriet. Wenn künftig allerdings die Kooperation mit anderen Sozialwissenschaften an Bedeutung gewinnen sollte (wovon ich ausgehe), dann könnte es vorteilhaft sein, wenn ökonomische Modelle sich etwas zurückhaltender bei der Sprache der Mathematik bedienen würden und stattdessen etwas näher an die Kommunikationsweisen benachbarter Sozialwissenschaften heranrücken würden.

5. Im Heißluftballon

Dieser Beitrag begann mit einem Ökonomenwitz.
Nun soll er auch mit einem solchen enden.

Zwei Ballonfahrerinnen haben sich verflogen. Sie gehen
über einem Acker, auf dem sie eine Frau sehen, auf
niedrige Höhe herunter und rufen ihr zu: „Wo sind wir?"
Die Frau ruft zurück: „Sie sind in einem Heißluftballon,
der in zwanzig Metern Höhe über einem Acker
schwebt." Sagt die eine Ballonfahrerin zur anderen:
„Das muss eine Ökonomin sein. Ihr Analysemodell ist
korrekt und präzise, aber zu nichts nutze."

Die Moral dahinter: Ökonomische Wissenschaft ohne
Modelle ist nicht möglich. Aber nicht alle Modelle
bringen uns voran, auch wenn sie formal richtig sein
mögen. Die Suche nach dem adäquaten Modell, das zur
jeweiligen Fragestellung passt, wird stets eine zentrale
Aufgabe des Wirtschaftswissenschaftlers bleiben.

Henning Klodt (*1952) studied economics at the University of Kiel, where he completed his doctorate *Productivity Weaknesses in the German Economy* in 1984. He led the Economic Policy Center at the Kiel Institute for the World Economy until 2017. In his research work, Henning Klodt addresses the causes and effects of globalization, European integration, and the structural transformation that is leading to a knowledge-based society.

Models in Economics

Henning Klodt

1. On the desert island

Those who want to better understand the essence of their own scientific discipline can often benefit from listening to the jokes that specialists from other areas tell about theirs. Here's a typical example of a joke about us economists:

A physicist, a chemist, and an economist are stranded on a desert island. Their only food is a can of corned beef (without a ring pull) and they're discussing how to open it. The physicist makes a sort of lever out of twigs and pebbles that are lying on the beach but the can remains closed. The chemist exposes the can to corrosion by standing it in seawater and using the rays of the sun to accelerate the process, but the can still remains closed. With little hope, they turn to the economist. He radiates confidence and says: "Let us assume that we have a can opener."

The economist on the desert island obviously has a model world in his mind's eye, in which the required tool is available. If his assumption were correct, his model would undoubtedly be useful – in the situation on the island, however, it is completely useless.

2. The sea of facts is silent

It's not only in jokes that we economists are often accused of living in a model world rather than addressing real life. We hear that our analyses are unrealistic and useless in practical situations. And that the training in universities should also be more practical so that it can be turned to better account in our professional lives. The main thing that is expected of economists is that we have a really good understanding of economic statistics so that we can use these as the basis for drawing up our analyses and prognoses. The public doesn't care in the slightest whether we use models to do this or not.

But is this really possible without models? If we economists wanted to restrict ourselves to collecting data, we would first have to decide which data to collect. Given the apparently infinite volume of data in today's world, such a restriction is essential. And the decision about the concrete form of this restriction requires certain ideas about theoretical models and about which data are relevant – or not – for which questions. Having successfully collected data, economists need a model in order to be able to interpret it. Generally speaking, this interpretation focuses on the identification of causal relationships. This necessitates the categorization of the data in order to be able to search for stable relationships between these categories. By forming categories and making statements about the relationships between these categories we have already created a model. We can then test this model on the basis of the collected data. And if the conclusions of the theoretical model regarding the relationships between the categories prove to be instable, we have clearly selected an unsuitable model.

Hence, collecting data and creating models inevitably go hand in hand. The Austrian economist Joseph Alois Schumpeter (1883–1950) determined many decades ago that "the sea of facts is silent". We can add that this sea is also set to remain silent as long as we have no model for interpreting these facts. Models are essential if we are going to ask suitable questions about these facts. And, in turn, the testing of these questions with the help of the facts offers us the opportunity to differentiate between suitable and unsuitable models. As an intermediate conclusion, we can state that economic analysis without models is impossible. But is analysis also possible with models alone, e.g. without facts? In economics, it certainly isn't. But what about other disciplines such as philosophy? While defending his *Philosophical Dissertation on the Orbits of the Planets* at the University of Jena, Georg Wilhelm Friedrich Hegel (1770–1831) was confronted with the discovery of an eighth planet in our solar system, which, according to his models, shouldn't have existed. Hegel apparently answered with the words: "The worse for the facts." As a non-expert in this field I wouldn't permit myself to make a definitive judgment, but I suspect that not even philosophy can completely manage without facts.

3. Maps rather than landscapes

A further common criticism of economists is that the models that we use aren't realistic enough. In such cases, realism is often presented as a fundamental requirement that needs no justification. But it's easy to lose sight of the fact that models can also be too realistic. The British Nobel laureate for economics Joan Robinson (1903–83) explained this analogically when she pointed out that a completely realistic model is as useful as a 1:1 scale map.

This analogy with the map also illustrates the fact that not everything can be explained by a single model. There are roadmaps, maritime maps, and hiking maps, etc. The decision about which type of map (or which economic model) is appropriate depends upon the specific question. Good models concentrate on those things that are relevant to a particular question while leaving the irrelevant things out. Poor models (and there are lots of these) suppress the relevant things and waste time and space illustrating the irrelevant ones. Such considerations may appear trivial, but the role that they play in economics shouldn't be underestimated. The career chances of young academics are decisively dependent upon their ability to show whether they have had enough of their work published in leading specialist journals (and this is a good thing). But their chances of having their work accepted by the publishers of these specialist journals are generally higher if it contains a formal, mathematically structured model (and this isn't a good thing). Whether the model is relevant to the question often appears less important than the fact that a sufficiently complex model has been presented at all.

Such a narrow approach brings with it the risk that economics becomes marginalized in the public debate. This would be a shame, because the most dynamic aspects of economic research are found at the interfaces with other scientific disciplines. The most prominent of these is social psychology, which contributes a wide range of new ideas to economics and does much to broaden its horizons (behavioral economics). But it's also increasingly common to find highly productive overlaps with areas like constitutional law and history (institutional economics). Given that the mathematization of these neighboring disciplines is relatively limited, economics could deprive itself of considerable development opportunities if it were to be too insistent upon basing economic arguments on formal models.

4. The role of mathematics in economic models

This brings us to the question of the key features of economic models. Seen against the background of the considerations set out above, economic models are simplified, reduced depictions of reality. Of course we're not dealing here with all possible categories of reality, but with the realities of the economic actions of people – be they consumers, producers, politicians, NGOs, individual nations, federations of nations, or any other economic actors.

Models can be communicated in different languages. Mathematics is just one of many. It clearly has the advantage of being particularly suitable for exposing the logical inconsistencies in an argument, but it's also far from being the only valid language. And it has the undeniable disadvantage that it often places unnecessary obstacles in the path of communication with other social sciences. Here, too, it's generally not a question of right or wrong but, rather, of the reason for creating a model in the first place.

In recent decades, there seems to have been a clear trend in economics towards formal, mathematically structured models. This development began back in the 1930s and 1940s, as economics fell increasingly under the influence of the strongly mathematics-oriented economists of the Anglo-Saxon world while their once dominant German-speaking counterparts steadily retreated into the background. However, if we want the cooperation with other social sciences to become more important in future (which I assume to be the case), then it could be beneficial for economic models to be somewhat more sparing in their use of the language of mathematics and to come closer, instead, to the communication methods used by the neighboring social sciences.

5. In the hot air balloon

This article began with a joke about an economist. Now it should also end with one.

Two balloonists have lost their way. Spotting a woman in a field, they descend towards her and call out the question, "where are we?" The woman shouts back: "You're in a hot air balloon that's hovering 20 meters above a field." One of the balloonists turns to the other: "She must be an economist. Her analytical model is correct, precise and utterly useless."

The moral of the story: The science of economics is not possible without models. But not every model represents a step forward, even if it's formally correct. The search for the suitable model that matches a specific question will always remain one of the economist's key tasks.

Daniela Domeisen (*1982) ist Klima-
wissenschafterin und arbeitet als
Professorin an der Universität Lausanne
und am Institut für Atmosphäre und
Klima an der ETH Zürich. Sie studierte
Physik an der ETHZ und promovierte
anschliessend am MIT in Cambridge,
USA. In ihrer Forschung beschäftigt
sie sich mit der Vorhersagbarkeit des
Wetters und des Klimas. Hierzu verwendet sie verschiedenartige Modelle,
um die Bereitschaft für Extremwetter-
ereignisse zu erhöhen und die Auswirkungen auf Ökosysteme und die
menschliche Gesundheit zu verringern.

Modelle als Werkzeuge der Wetter- und Klimawissenschaft

Daniela Domeisen

„Was nützt es uns, eine Wissenschaft so weit entwickelt zu haben, dass wir Vorhersagen machen können, wenn wir am Ende nur dastehen und darauf warten, dass sie wahr werden?"

Frank Sherwood Rowland, Nobelpreisträger für Chemie (gemeinsam mit Mario Molina) für den Nachweis, dass menschgemachte Chemikalien die Ozonschicht zerstören.

Einleitung

In den letzten Jahrzehnten sind Modelle in der Wetter- und Klimawissenschaft zu einem umstrittenen Thema geworden. Die hohe Komplexität der modernen Vorhersagemethoden und die unliebsamen Vorhersagen lassen die Modelle in einem ungünstigen Licht erscheinen. Denn Zukunftsvorhersagen sind naturgemäß unpopulär, wenn diese Zukunft unbequem erscheint oder wenn die Vorhersage nahelegt, dass in der Gegenwart gehandelt werden muss, um die Zukunft, welche die Modelle vorhersagen, abzuwenden. Solche Vorhersagen bleiben auch dann unpopulär, wenn es wissenschaftliche Gründe gibt, die darauf hindeuten, dass diese Vorhersagen tatsächlich in einem Maße zutreffen, die ein Ignorieren nicht mehr zulassen.

Aber wozu benötigen wir überhaupt Modelle für
Wetter und Klima? Der Antrieb für die Konstruktion von
Modellen ist unsere Neugierde auf die Zukunft.
Wetter und Klima sind (glücklicherweise) Bereiche, in
denen solche Vorhersagen tatsächlich möglich sind,
auf Wetter-Zeitskalen von wenigen Stunden bis
Wochen bis zu Klimazeitskalen von mehreren Jahrhunderten. In der Wetter- und Klimawissenschaft sind
Modelle zu grundlegenden und unerlässlichen Werk-
zeugen geworden. Modelle werden hauptsächlich
verwendet, um zu verstehen, was in der Vergangenheit
geschehen ist (Rekonstruktion), was in der Zukunft
geschehen wird (Vorhersage), wie Systeme funktionieren (Prozessverständnis) und um hypothetische
Situationen als Vergleich zu nutzen (wie sähe die Welt
zum Beispiel ohne Klimawandel oder ohne Ozonloch
aus). Eine Vorhersage der Zukunft bedingt daher
ein Verständnis dessen, was in der Vergangenheit
geschehen ist. Modelle geben uns Zugriff auf eine zwei-
te Erde – besser gesagt, auf viele Erden – auf der
alternative oder mögliche zukünftige Situationen und
Szenarien inszeniert und verstanden werden können.
Der Klimawandel hingegen kann als ein großangelegtes
Experiment mit der gesamten Erde verstanden werden,
ohne dass zuerst in Modellen in genügendem Maße
überprüft und verstanden wurde, welche Auswirkungen
ein solch drastischer Eingriff auf das Erdsystem und
seine Bewohner haben würde – mit den entsprechen-
den Konsequenzen.

Die Meteorologie ist einer der Bereiche, in denen
Vorhersagen gemacht wurden, noch bevor ein grund-
legendes Verständnis für das Wetter vorhanden
war. Der Grund, warum wir damit begonnen haben,
Vorhersagen zu treffen, liegt vor allem darin, dass wir

Pläne machen wollten. Pläne hängen oft vom Wetter ab, insbesondere in der Landwirtschaft, die in der Geschichte der menschlichen Evolution für das Überleben der Menschheit immer schon eine entscheidende Rolle gespielt hat. Aber auch für Menschen, deren Arbeit nicht unmittelbar oder offensichtlich vom Wetter abhängt, spielen Wetter und Klima eine Rolle. Wetter und Klima beeinflussen den weltweiten Handel: Das Klima bestimmt, wo Waren produziert werden können und wohin sie transportiert werden, während das Wetter den Transport dieser Waren beeinflusst. Das Wetter bestimmt auch die Stromerzeugung für jede Art von Energiequelle: Erneuerbare Energien wie Wind und Sonne hängen von der Windstärke und der Bewölkung ab; die Kernkraft hängt von der Temperatur des Kühlwassers ab, das zu warm sein kann, um ein Kernkraftwerk mit voller Leistung (oder überhaupt) zu betreiben. Wasserkraft hängt von ausreichenden Wasserzuflüssen durch Niederschlag oder Gletscherschmelze ab. Öl, Kohle und Gas sind in hohem Maße vom Transport abhängig, der – abgesehen von politischen Erwägungen – durch niedrigen oder hohen Wasserstand in Flüssen und Seen oder durch stürmische Meere behindert werden kann, sowie von Versorgungsengpässen, die wiederum auch durch das Wetter beeinflusst werden können, wie zum Beispiel durch Extremwetter und Naturkatastrophen in Abbauoder Fördergebieten.

Es gibt zahlreiche weitere Beispiele dafür, wie sich das Wetter auf unser tägliches Leben auswirkt, auch jenseits individueller Entscheidungen, aber es wird deutlich, dass Wettervorhersagen für unser Leben von entscheidender Bedeutung sind. Dabei müssen wir nicht jede Einzelheit des Wetters verstehen,

um Vorhersagen zu machen und auf der Grundlage dieser Vorhersagen Entscheidungen zu treffen.
Wir müssen aber die mit diesen Vorhersagen verbundenen Risiken verstehen.

Geschichte der Modelle in der Wetter- und Klimawissenschaft

Wegen der zentralen Rolle des Wetters für den Menschen waren Vorhersagen von jeher wichtig. Das Wetter beeinflusst die Landwirtschaft, also zum Beispiel wann ausgesät und wann geerntet wird, und das Wetter kann Krieg und Frieden beeinflussen[1]. Der Mensch kennt den Lauf des Wetters mit den Jahreszeiten und den Einfluss des Wetters auf das tägliche Leben. Schutz zu suchen, wenn dunkle Wolken und Gewitter auftauchen, ist eine natürliche Reaktion auf das beobachtete Wetter und in der Tat bereits ein einfaches Modell, wie dies im Wesentlichen von allen Menschen genutzt wird. Die frühesten Modelle zur Wettervorhersage bestanden daher darin, den Verlauf des Wetters zu beobachten, um sogenannte „analoge" Wetterlagen zu erkennen und daraus Abfolgen von Wetterlagen vorherzusagen, und diese Erfahrungen für die Zukunft weiter zu verwenden. Das Erkennen und die Vorhersage von „Analogen" ist daher der logische erste Schritt zur Vorhersage. Schon früh wurde klar, dass die Datenaufzeichnung für die Identifizierung von solchen Mustern entscheidend ist. Systematische Langzeitbeobachtungen in einem großen geografischen Bereich, zum Beispiel in Europa und auf dem Nordatlantik, ließen im 19. Jahrhundert erstmals eine verbesserte Ermittlung

---

1 https://daily.jstor.org/the-weather-forecast-that-saved-d-day/ (abgerufen am 2.11.2022).

von Mustern in diesen Beobachtungen zu und halfen
bei Vorhersagen. Auf diese Weise wurden lange Zeit
Vorhersagen gemacht, und auch heute werden solche
Muster mithilfe von künstlicher Intelligenz wieder
vermehrt genutzt.

Doch wird sich ein bestimmtes Wettermuster, wie
zum Beispiel ein sich näherndes Tiefdruckgebiet,
diesmal wieder gleich auswirken wie beim letzten Mal?
Und wird es dies immer noch in der gleichen Weise
tun, wenn der Klimawandel das Wetter beeinflusst?
Um diese und ähnliche Fragen mit größerer Sicherheit
beantworten zu können, werden detailliertere Methoden benötigt. Zu Beginn des 20. Jahrhunderts kam
man zu einer für diesen Punkt entscheidenden Erkenntnis: Die Bewegung von Fluiden (die Atmosphäre
ist dafür ein Beispiel) kann durch Gleichungen beschrieben werden. Und zwar nicht nur durch „empiri-
sche" Gleichungen, welche durch Beobachtung von
Zusammenhängen zwischen Variablen wie zum
Beispiel der Temperatur und des Windes statistisch
abgeschätzt werden, sondern Gleichungen, welche auf
Grundeigenschaften von Fluiden beruhen. So können
zum Beispiel grundlegende Gleichungen gefunden
werden, welche den Zusammenhang zwischen dem
vorherrschenden Druck und der Dichte eines Fluides
angeben, oder wie die Dichte der Atmosphäre mit
der Höhe abnimmt, je nachdem, wie groß die Anzie-
hungskraft des Planeten ist. So hängen alle Größen in
der Atmosphäre zusammen. Es lassen sich beispielsweise auch Gleichungen herleiten, welche den Zusammenhang zwischen dem Atmosphärendruck und
der Windgeschwindigkeit beschreiben. Einige dieser
Gleichungen beinhalten auch eine Veränderung in der
Zeit, die beschreibt, wie sich eine Größe ändern muss,

wenn sich eine andere ändert. Sobald eine Gleichung eine Zeitabhängigkeit enthält, bietet sich die Möglichkeit einer Vorhersage in die Zukunft.

Man kann es nicht wichtig genug einschätzen, wie grundlegend diese Erkenntnis für die moderne Meteorologie war. Allerdings sind diese Gleichungen komplex und erfordern die Kenntnis von mehreren Variablen an möglichst vielen Orten. Die ersten, welche diese Gleichungen aufstellten, glaubten daher nicht daran, dass sie für die Wettervorhersage praktisch nutzbar werden könnten. Aber es ist nur menschlich, dass es nicht lange dauerte, bis es trotzdem jemand versuchte. Im Ersten Weltkrieg berechnete Lewis Fry Richardson die erste Wetterprognose basierend auf mathematischen Gleichungen – von Hand. Er berechnete eine Vorhersage für einen Tag in der Vergangenheit, für welchen bereits Messungen vorlagen, damit er das Resultat überprüfen konnte.

Für den 20. Mai 1910 berechnete er eine Steigerung des Drucks innerhalb weniger Stunden um 145 Hektopascal. Dies ist ein enormer Druckunterschied und entspricht etwa dem Übergang vom Zentrum eines Wirbelsturms zu einer stabilen Hochdrucklage, was innerhalb eines solch kurzen Zeitraums völlig unrealistisch ist. Obwohl das Ergebnis weit entfernt von der tatsächlichen Messung lag, war diese Leistung ein erster Schritt in die Richtung der numerischen Wettervorhersage. Es wurde klar, dass eine einzelne Person diese Berechnungen nicht mit der nötigen Geschwindigkeit und Genauigkeit ausführen kann, aber es war damals noch nicht voraussehbar, dass maschinelle Computer diese Aufgabe bald übernehmen würden. In den 1950er-Jahren wurden dann die ersten Computer mit

Wettergleichungen gefüttert, und die Wetterprogno-
sen wurden seither stetig besser – diese Verbesserung
wird allgemein als die „stille Revolution der Wettervorhersage"[2] bezeichnet.

Die Entdeckung der Chaostheorie durch Edward Lorenz,
Ellen Fetter und Margaret Hamilton hat die heutige
Nutzung von Wettermodellen entscheidend beeinflusst. Die Chaostheorie besagt unter anderem, dass in
bestimmten Systemen bereits kleinste Veränderungen
der Anfangsbedingungen zu sehr unterschiedlichen
Resultaten führen können. Für Wettermodelle bedeutet
dies, dass Beobachtungen, die selbst nur mit kleinen
Unsicherheiten belegt sind, wegen der den Berechnungen zugrundliegenden Gleichungen zu stark unterschiedlichen Prognosen führen können. Um die Sicherheit von Prognosen erfolgreich abzuschätzen, werden
Wettermodelle systematisch mit leicht unterschiedlichen Anfangsbedingungen gefüttert. Natürlich gibt
es in Wetter- und Klimamodellen aber auch zahlreiche
Zusammenhänge, die nicht auf Grundgleichungen
beruhen und welche empirisch ermittelt werden müssen. Gerade die Interaktion zwischen verschiedenen
Bereichen, zum Beispiel der Austausch zwischen
Ozean und Atmosphäre oder Biosphäre und Atmosphäre, wird statistisch modelliert und beruht auf Messungen, Beobachtungen und detaillierten Untersuchungen.

Mit der Entwicklung der Wettervorhersage war die
Vorhersage des Klimas ein logischer nächster Schritt.
Bereits in den 1980er-Jahren waren die Vorhersagen
des Klimas so fortgeschritten, dass im Auftrag von
global agierenden Ölfirmen mit erstaunlicher Genauig-

2 www.researchgate.net/publication/281516336_The_quiet_revolution_of_
numerical_weather_prediction (abgerufen am 2.11.2022).

keit vorhergesagt werden konnte, welche Auswirkungen die Emissionen von Treibhausgasen wie Kohlendioxid langfristig auf die globale Mitteltemperatur haben würden. Statt aber als Reaktion auf diese Vorhersagen Maßnahmen zu ergreifen, um die vorhergesagten Konsequenzen einzudämmen oder zu verhindern, wurden die Ergebnisse geheim gehalten. Es wurden stattdessen aktiv Zweifel gesät und Falschinformationen verbreitet, die den eigenen Resultaten widersprachen und damit der Vorhersage des Klimas schadeten. Trotz der erfolgreichen Weiterentwicklung von Klimamodellen, mehreren Nobelpreisen für die Klimawissenschaft und immer exakteren Vorhersagen wirken diese Falschinformationen bis heute.

Was zeichnet ein gutes Modell aus?

Die Erstellung eines erfolgreichen Modells setzt ein Verständnis dafür voraus, welche Prozesse wichtig sind, um eine Vorhersage über das Verhalten und die Entwicklung eines Systems zu treffen. Die Güte eines Modells hängt nicht davon ab, wie realistisch es ist, beispielsweise durch Einbeziehung aller möglicher Komponenten, die das System in der Natur aufweist, sondern von der Darstellung der relevanten Komponenten und Prozesse, welche zum System beitragen, das wir vorhersagen möchten. Daher macht die Einbeziehung von so vielen Prozessen als möglich ein Modell nicht besser, wenn es entscheidende Bestandteile auslässt oder wenn es wichtige Prozesse falsch darstellt oder verknüpft. Die Entwicklung von Wetter- und Klimamodellen bestand daher erst einmal in der Suche nach den entscheidenden Prozessen. Zudem musste zuerst eine große Reihe von technischen Herausforderungen auf dem Weg zu den heutigen Wetter- und Klimamodellen gemeistert werden, zum Beispiel die Frage, wie die relevanten Prozesse in Computermodellen dargestellt und verknüpft werden können. Diese Entwicklungen hatten zur Folge, dass Wetter- und Klimamodelle nicht jedes einzelne Molekül in der Atmosphäre modellieren, was eine nicht verfügbare Menge an Rechenleistung verbrauchen würde. Dank der hergeleiteten Gleichungen, welche die relevanten Zusammenhänge im Klimasystem erfolgreich beschreiben, ist dies nicht nötig. Die Beschreibung des makroskopischen Systems besteht daher aus Gesetzen und Zusammenhängen, welche die Prozesse auf allen Größenskalen berücksichtigen und somit die Physik, Chemie und Biologie eines Systems abbilden. Dies wird im Modell durch das Zusammenspiel der Grundgleichungen der Fluiddynamik sowie der statistisch und empirisch hergeleiteten Zusammenhänge erreicht.

Doch selbst wenn das Klimasystem bis ins letzte Detail verstanden wäre, heißt dies nicht zwangsläufig, dass es einfacher zu modellieren ist. Gleichzeitig bedeutet dies auch, dass wir ein System modellieren können, auch wenn wir es nicht zwangsläufig vollständig verstehen. Der Mensch ist von Natur aus mit der Fähigkeit ausgestattet, basierend auf unvollständigen Informationen erfolgreich Entscheidungen zu treffen und Risiken abzuschätzen. Im Falle der Klimavorhersage ist es aber sogar so, dass wir schon seit Jahrzehnten ausreichend Informationen hatten, um erfolgreich Entscheidungen treffen zu können, wie wir mit einem sich wandelnden Klima umgehen sollten.

Wie werden Wetter- und Klimamodelle heute eingesetzt?

Wetter- und Klimamodelle sind heute unverzichtbare Instrumente für die Klima- und Wettervorhersage. Aber was ist der Unterschied zwischen Wetter- und Klimamodellen? Im Grunde genommen gibt es keinen grundlegenden Unterschied. Beide Arten von Modellen beruhen auf grundlegenden Gleichungen, welche die Bewegung der Atmosphäre und anderer Komponenten des Klimasystems beschreiben, sowie auf empirischen Beziehungen, die weitere Prozesse beschreiben, die für die Vorhersage des Wetters oder des Klimas als relevant befunden werden. Aber auch hier gilt, dass unterschiedliche Komponenten für Wetter- und Klimamodelle wichtig sein können, da von ihnen auf unterschiedlichen Zeitskalen Vorhersagen erwartet werden. Daher wird bei Wetter- und Klimamodellen oft der Fokus leicht anders gelegt. Klimamodelle sind heute nicht einfach nur Wettermodelle, welche weiter in die Zukunft gerechnet werden, obwohl die Verbindung aller Zeitskalen von Wetter bis Klima in einem einzelnen Modell tatsächlich das Ziel der sogenannten „nahtlosen Vorhersage" ist.

Es stellt sich zudem die Frage, ob Klimamodelle angesichts der Tatsache, dass sie durchschnittliche Prozesse auf viel längeren Zeitskalen abbilden als Wettermodelle, weiterhin jedes Detail und alle Feinheiten des Klimasystems darstellen müssen. Tatsächlich lassen sich mit einfachen Energiebilanzmodellen, die die eingehende Sonnenstrahlung mit der ausgehenden Strahlung und dem, was an der Erdoberfläche und in der Atmosphäre verbleibt, bilanzieren, bereits mühelos

Klimaänderungen vorhersagen. Aber heutzutage sind detailliertere Informationen gefragt. Wir wollen wissen, wie sich der Klimawandel auf einen bestimmten Ort auf der Erde auswirkt, zum Beispiel auf ein Land, eine Region oder sogar eine Stadt. Dies erfordert eine genaue Kenntnis der örtlichen Gegebenheiten einschließlich der Landschaft, der Vegetation, der Höhenlage usw. Zudem sind Informationen zur Häufigkeit und zur Tendenz von einzelnen Wetterereignissen gefordert. Solche Informationen lassen sich nur mit Modellen errechnen, welche eine große Anzahl von Prozessen und eine detaillierte zeitliche und räumliche Auflösung haben. Weitere Verbesserungen an Klimamodellen werden daher nichts an der Vorhersage ändern, dass sich das Klima auf der Erde verändert. Aber verbesserte Modelle helfen genauere Vorhersagen zu machen und Prozesse besser zu verstehen, vor allem, wenn sie mit weiteren Modellen gekoppelt werden, die unter anderem die Auswirkungen auf Mensch und Gesellschaft modellieren. Hier kommen sogenannte digitale Zwillinge der Erde ins Spiel sowie künstliche Intelligenz, welche zum Beispiel die statistischen Zusammenhänge zwischen Komponenten des Klimasystems besser modellieren kann. Der Grund, warum weiter an Klimamodellen gearbeitet wird, ist also nicht, dass bessere Beweise für den Klimawandel benötigt werden, sondern dass wir die komplexen Einzelheiten des sich verändernden Klimas besser verstehen wollen.

Immer stärker tritt dabei auch die Frage nach der Attribution in den Vordergrund, also nach dem Zusammenhang zwischen Wetter und Klima. Hat die Klimaänderung einen bestimmten Wirbelsturm stärker gemacht, als er ohne Klimawandel gewesen wäre?

Das Problem bei einem Experiment mit der gesamten Erde, nämlich dem Klimawandel, besteht darin, dass kein Kontrollexperiment vorhanden ist, welches uns abzuschätzen erlaubt, was passiert wäre, wenn es keinen Klimawandel gegeben hätte. Hier kommen die Modelle ins Spiel, welche eine Erde ohne Klimawandel simulieren können, und daher berechnen können, wieviel wahrscheinlicher oder unwahrscheinlicher ein bestimmtes Ereignis mit oder ohne Klimawandel wäre.

Wenn das Problem des Klimawandels nun tatsächlich angegangen wird, so wie wir das mit dem Ozonloch gemacht haben, können wir dazu das über Jahrhunderte gesammelte Wissen über das Wetter und Klima und die über Jahrzehnte vorangetriebene Forschung an Modellen nutzen. Wir können zum Beispiel mit Modellen überprüfen, was passiert wäre, wie eine Welt ohne Maßnahmen ausgesehen hätte, in sogenannten „world avoided"-Szenarien. Es ist dabei durchaus vorzuziehen, in einem Modellszenario zu überprüfen, wie eine Welt ohne Maßnahmen ausgesehen hätte, als in der realen Welt ohne entsprechende Maßnahmen leben zu müssen, und die Welt ohne Katastrophe als Kontrollexperiment zu modellieren. Die Prognose für die Zukunft haben wir bereits – den Modellen sei Dank.

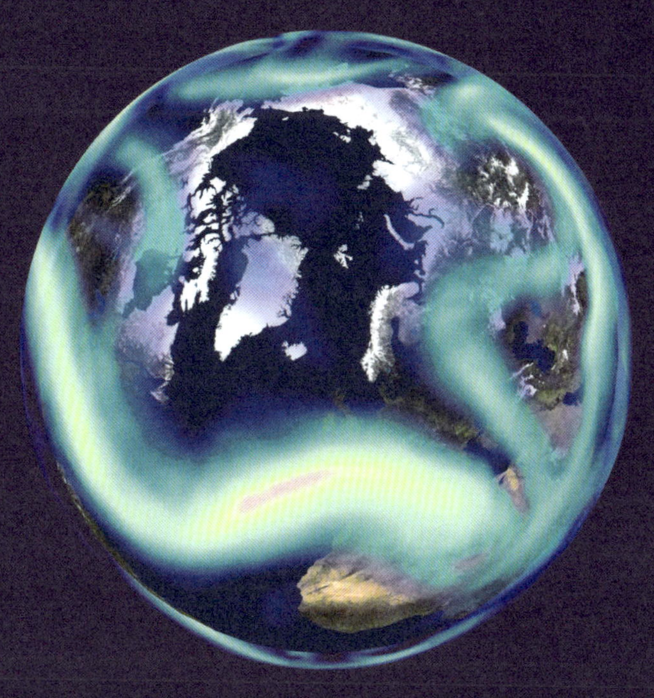

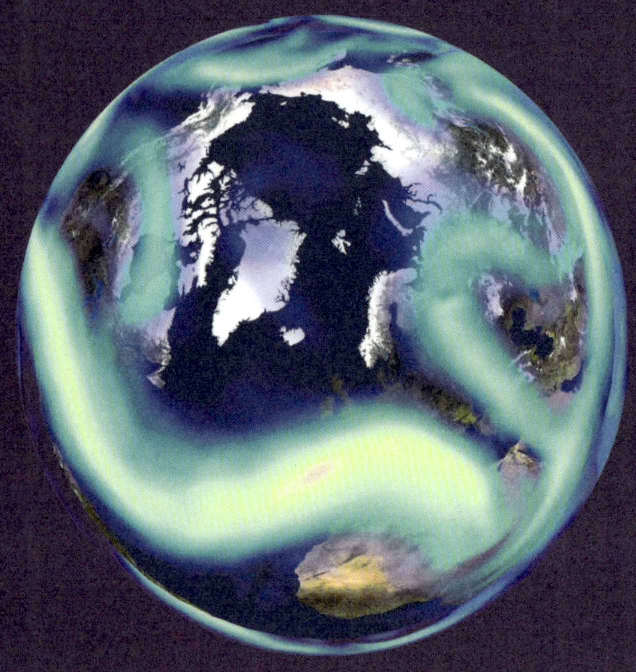

Der Jetstream, ein starkes Windband auf etwa 10 km Höhe über der Erdoberfläche, welches das Wetter in den mittleren Breiten beeinflusst.
Bild: © Alexander Wollert

The Jetstream: a powerful band of wind that circles the globe at an altitude of around 10 km shaping the weather in the midlatitudes.
Image: © Alexander Wollert

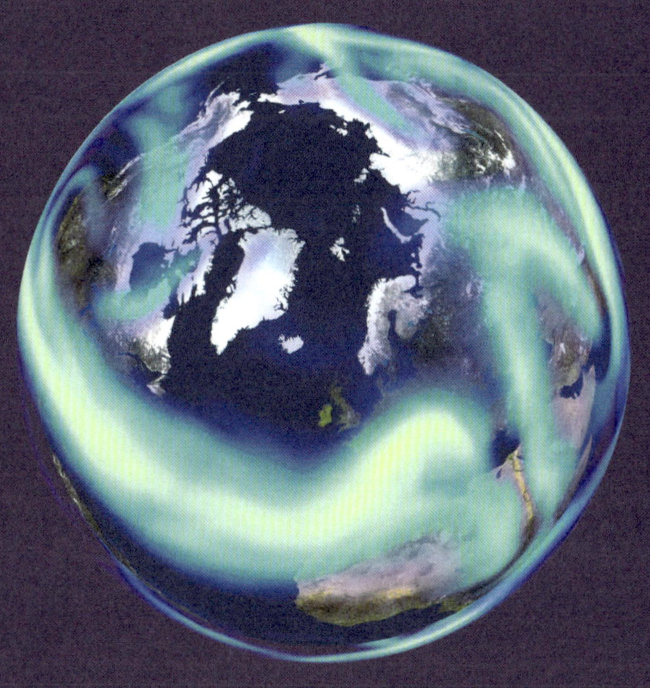

Daniela Domeisen (*1982) is a climate scientist and she works as a Professor at the University of Lausanne and at the Institute for Atmospheric and Climate Science at ETH Zurich, where she studied physics before being awarded her doctorate at MIT in Cambridge, USA. In her research, she examines the predictability of the weather and the climate. In order to do this she uses a range of models, with the aims of increasing our preparedness for extreme weather events and reducing the impact of these on ecosystems and human health.

Models as Tools in Meteorology and Climate Science

Daniela Domeisen

"What is the use of having developed a science well enough to make predictions if, in the end, all we're willing to do is stand around and wait for them to come true?"

Frank Sherwood Rowland, Nobel Laureate in chemistry (jointly with Mario Molina), who received the prize for demonstrating that man-made chemicals destroy the ozone layer.

Introduction

Over the course of the past few decades, models in meteorological and climate science have become a controversial subject. The high levels of complexity of modern forecasting methods and their unwelcome predictions have cast these models in an unfavorable light. After all, predictions of the future are inherently unpopular when this future appears inconvenient or when the prediction suggests that action must be taken in the present in order to avert the future that the models predict. Such forecasts remain unpopular even when there are scientific reasons that allow us to understand that the forecasts are accurate to a degree that indicates that ignoring them is no longer an option.

But why do we need weather and climate models in the first place? The driving force behind constructing models is our curiosity about the future. The weather and the climate are (fortunately) domains for which such forecasts are indeed possible, on timescales ranging from a few hours and weeks, for the weather, to centuries, for climate. In meteorology and climate science, models have become indispensable tools. They are used as a means of understanding what has happened in the past (reconstruction), what will happen in the future (prediction), how systems work (understanding processes), and to construct alternate hypothetical situations (for instance, what would the world look like without climate change, or without an ozone hole?). Hence, predicting the future requires an understanding of what has happened in the past. Models give us access to a twin Earth – better still, to several additional Earths – for which alternative or potential future situations and scenarios can be simulated. Climate change, on the other hand, can be understood as a large-scale experiment that we are carrying out with the Earth itself, without first sufficiently testing the impact of such a drastic intervention on the Earth system and its inhabitants – with the corresponding consequences.

Meteorology is one of the fields where forecasts were made even before we had a basic understanding of the subject in question: the weather. The main reason for starting to make forecasts is that we wanted to make plans. Plans often depend on the weather, especially in agriculture, which has played a decisive role for the survival of humanity in the history of human evolution. But weather and climate also play an important role for people whose work is neither directly nor obviously dependent on them. For instance, weather and climate impact global trade: climate determines where goods can be produced and where they are transported to, while weather affects the transportation of these goods. Weather also determines electricity generation for each type of energy source: Renewables such as wind and solar power are dependent on the strength of the wind and the extent of cloud cover; nuclear power depends on the temperature of the cooling water, which can be too warm to operate a nuclear power station at full capacity (or, indeed, at all). Hydroelectric power is dependent on sufficient amounts of water through precipitation or glacial melting. Oil, coal, and gas are highly dependent on transportation, which – political considerations aside – can be hampered by unusually low or high water levels in rivers or lakes or by stormy seas, or by supply shortages that, in turn, can also be affected by, for example, extreme weather events and natural disasters in extraction or production areas.

There are countless further examples of how weather affects our daily lives, also beyond individual decisions, but it becomes clear that weather forecasts are critical to our lives and livelihoods. At the same time, while we do not need to understand every detail about the weather in order to make forecasts and make decisions on the basis of these forecasts, it is essential to understand the risks associated with these forecasts.

The history of models in meteorology and climate science

Given the central role of weather for our lives, forecasts have always been important. The weather influences agriculture, for example when to sow and to harvest. Weather can also shape war and peace.[1] People are aware of seasonal changes in the weather and its influence on daily life. Seeking shelter when dark clouds appear or when thunder can be heard is a natural reaction to the observed weather and already, in fact, a simple model that is essentially used by everyone. The earliest weather forecasting models consisted of observing weather patterns with the aim of recognizing so-called "analog" weather conditions and predicting future weather through known sequences of weather conditions based on these analogs. In other words, recognizing and predicting such "analogs" is the logical first step towards weather forecasting. It soon became clear that recording data was an essential part of identifying such patterns. In the 19th century, systematic long-term observations made across large geographical areas, such as Europe or the North Atlantic, first allowed for the detection of large-scale weather patterns and, hence, predictions. Forecasts continued to be made in this way for many decades and today such patterns are increasingly used again, supported by artificial intelligence.

But will a particular weather pattern such as an approaching low pressure area have the same effect as it did last time? And will it continue to do so as the influence of climate change on the weather grows

1 www.daily.jstor.org/the-weather-forecast-that-saved-d-day/ (retrieved on 2.11.2022).

stronger? In order to answer this and similar questions with more certainty, more detailed models are needed. At the beginning of the 20th century, a decisive discovery was made in this field: The motion of fluids (of which the atmosphere is an example) can be described by mathematical equations. And rather than being "empirical" equations that can be statistically estimated by observing the relationships between variables such as the temperature and the wind, these equations are based on the fundamental characteristics of fluids. For example, we can find basic equations that indicate the relationship between the prevailing pressure and the density of a fluid or how atmospheric density decreases with altitude, depending upon a planet's gravity. In other words, all atmospheric variables are interrelated and we can also derive equations that, for example, describe the relationship between atmospheric pressure and wind speed. Some of these equations include time as a variable that describes how one quantity must change when another does. If an equation is time-dependent this opens up the possibility of predicting the future.

It cannot be overstated how important finding these equations was for modern meteorology. At the same time, however, the equations are highly complex and require information about multiple variables at as many locations as possible. Indeed, those who established the first version of these equations did not believe that they could ever be used for the practical purpose of making weather forecasts. But, human nature being what it is, it did not take long before someone tried. During World War I, Lewis Fry Richardson calculated the first weather forecast based on mathematical equations – by hand. In order to be able to check his findings, he produced a forecast for a day in the past for which measurements were already available. Using the data for 20th May 1910, he calculated a rise in pressure of 145 hectopascals within just a few hours. This is an enormous pressure increase that roughly corresponds to the transition from the center of a hurricane to an area of stable high pressure, which is highly unrealistic. And yet, although the numbers calculated by Richardson were far from the actual observations, his effort represented a first step towards numerical weather forecasting. It also became clear that an individual could not perform these calculations with the required speed and accuracy, but it was not foreseeable at the time that the task would soon be taken over by computers. In the 1950s, the first computers were fed with weather equations, and weather predictions have been steadily improving ever since – an improvement that is referred to as the "silent revolution in weather forecasting".[2]

The discovery of chaos theory by Edward Lorenz, Ellen Fetter, and Margaret Hamilton has further influenced how we use weather models today. One of the tenets of chaos theory is that, in certain systems, as is the case for the weather, the tiniest change in the initial conditions can lead to widely differing results. For weather models, this means that observations that are subject to only the smallest degree of uncertainty can lead to widely varying forecasts as a result of the properties of the fundamental equations that underlie the calculation. In order to successfully assess the forecast reliability, weather models are therefore systematically fed with slightly varying initial conditions in order to esti-

2 www.researchgate.net/publication/281516336_The_quiet_revolution_of_numerical_weather_prediction (retrieved on 2.11.2022).

mate the uncertainty in a forecast. In addition, weather and climate models also naturally contain numerous interdependencies that are not based on basic equations and that have to be established empirically.

For example, the interactions between different components of the climate system such as the ocean, the atmosphere, or the biosphere are statistically modeled on the basis of measurements, observations, and detailed investigations.

As weather forecasting evolved, predicting the climate was a logical next step. By the 1980s, climate forecasting had advanced so far that studies commissioned by global oil companies were able to predict with astonishing accuracy the long-term effects of the emission of greenhouse gases such as carbon dioxide on global mean temperatures. However, rather than taking measures to mitigate or prevent the predicted consequences, the results were kept secret. Instead, doubts were actively sowed and false information spread that contradicted the results of the studies and, hence, detracted from the climate forecasts. Despite the subsequent successful advancement of climate models, a number of Nobel Prizes for climate scientists, and increasingly accurate predictions, this misinformation continues to cast its long shadow today.

What characterizes a good model?

The formulation of a good model requires an understanding of the processes that are essential to the prediction of the behavior and evolution of a system. The quality of a model is not defined by how realistic it is and the extent to which it includes, for example, every possible component of a wider system but, rather, by its ability to represent all those components and processes that make a relevant contribution to the system we want to predict. In other words, including as many processes as possible does not make a model any better if crucial components or key processes are not correctly depicted or linked. Hence, the first step in the development of weather and climate models was the search for the essential processes. Furthermore, the development of today's weather and climate models required overcoming a wide range of technical challenges, including the question of how to represent and link the relevant processes in computer models. One result of these developments is that weather and climate models do not attempt to model every single molecule in the atmosphere, which would require an unavailable amount of computing power. But this is not necessary, thanks to the derived equations that successfully describe the relevant relationships in the climate system. Hence, the description of the macroscopic system consists of laws and relationships that consider processes at all scales as a means of depicting the physics, chemistry, and biology of a system. This is achieved in the model by combining the basic equations of fluid dynamics with statistically and empirically derived relationships.

But even if we could understand the climate system down to the last detail, this does not necessarily make it simpler to model. However, what it does mean is that we do not necessarily have to fully understand a system in order to be able to model it. Humans have the inherent ability to successfully make decisions and assess risks on the basis of incomplete information.

In the field of climate forecasting, however, the truth is that we have had sufficient information for decades to be able to make well-informed decisions about how to deal with climate change.

How are weather and climate models used today?

Today, weather and climate models have become indispensable instruments for weather and climate prediction. But what is the difference between weather and climate models? Strictly speaking, there is no fundamental difference. Both types of models are based on fundamental equations that describe the motion of the atmosphere and other components of the climate system, combined with empirical relationships that describe further processes that are found to be relevant to predicting weather and climate. But it is also true that weather and climate models have to place a different emphasis on different components due to the fact that they are expected to produce forecasts covering very different timescales. Therefore, weather and climate models often have a slightly different focus. Today's climate models are more than merely weather models that are calculated further into the future, but the combination of all timescales from weather to climate into a single model is the declared objective of so-called "seamless predictions".

There remains the question of whether climate models need to represent every tiny detail and subtlety of the climate system, given that they illustrate average processes over much longer timescales than weather models. Indeed, simple energy balance models, which balance incoming and outgoing solar radiation by calculating how much radiation is trapped in the climate system can already draw up the effect of climate change with little effort. Today, however, we want more detailed information. We want to know the impact of climate change on a particular location, such as a country, a region, or even a city. This requires more precise knowledge of local conditions, including the landscape, the vegetation, and the elevation, etc. We also require information about the frequency of and the trends that underlie individual weather events. Such information can only be generated by models that include a large number of processes and greater temporal and spatial detail. Hence, while further improvements to climate models will not alter their conclusion that the Earth's climate is changing, improved models can help us to make more precise forecasts and allow for a better understanding of certain processes, especially in combination with other models that, for instance, examine impacts on ecosystems and society. This is where so-called digital twins of the Earth come into play, as well as artificial intelligence, which can be used to better model statistical relationships between different components of the climate system. Hence, we continue to work on climate models not because we need to improve the evidence that climate change is taking place but, rather, because we want to improve our understanding of the complex details of this change.

Increasingly, the question of attribution – the relationship between weather and climate –becomes more important. Did climate change make a particular hurricane stronger than it would have been without climate change? The problem with an experiment carried out on the entire Earth, such as climate change, is that we

do not have a control experiment that allows us to assess what would have happened without climate change. This is where models come in, which are able to simulate an Earth without climate change and, hence, calculate how much more or less likely a particular event would have been with or without climate change. If we now really address the issue of climate change – in the same way that we addressed the hole in the ozone layer – we can make use of all the knowledge about weather and climate that we have being gathering over centuries as well as the research on models that has advanced for several decades. For example, we can use models to examine "world avoided" scenarios that tell us what would have happened if no action had been taken. Indeed, it is far more preferable to use model scenarios to simulate a world without the appropriate measures than to experience the catastrophe in the real world in which the appropriate measures have not been taken.
We already have this forecast for a future without climate change mitigation – thanks to the models.

Lorena Jaume-Palasí (*1979) ist Gründerin der gemeinnützigen Organisation The Ethical Tech Society, die sich mit Prozessen der Automatisierung und Digitalisierung, deren gesellschaftlicher Relevanz und den damit einhergehenden rechtsphilosophischen Fragen beschäftigt. Lorena Jaume-Palasí forscht zu künstlicher Intelligenz, Datenpolitik und befasst sich in diesem Zusammenhang auch mit ethischen Fragestellungen. Sie wird weltweit von Organisationen, Verbänden und Regierungen — wie beispielsweise von der spanischen Regierung oder dem Europaparlament — konsultiert.

Chronik einer angekündigten Verzerrung

Lorena Jaume-Palasí

„Essentially, all models are wrong, but some are useful."
George Box

Künstliche Intelligenz (KI) ist eine kulturelle Projektion. Der Begriff steht für ein ganzes Sammelbecken unterschiedlicher Technologien (z.B. Computer Vision, Deep Learning, Verarbeitung natürlicher Sprache), womit Prozesse automatisiert werden.

Technologie bedeutet aber immer mehr als nur eine Ansammlung von Kabeln, Chips, Software und Daten. So bestimmt ein einfaches Teil wie eine Tastatur die Art und Weise, wie Sprache eingesetzt wird. Die Tastaturwahl ermöglicht die Nutzung bestimmter Alphabete, während andere ausgeschlossen bleiben. Tastaturen setzen das Erlernen des Zehnfingersystems voraus, und sie gehen von einer Welt aus, in der Menschen zwei Hände haben und die der schriftlichen Kommunikation einen wichtigen Rang zuordnet. Eine Technologie hat nicht nur eine materielle Dimension, sie ist auch eine Ansammlung von Praktiken und Denkansätzen. Technologien bilden und strukturieren unsere Welten.

Die Projektionslandschaft der KI – d.h. die Summe an
Erwartungen, Vorstellungen, Sehnsüchten und Versprechen, die wir in KI hineinprojizieren – zielt auf den Bau
von Maschinen, die wie Menschen denken, wahrneh-
men und reagieren. Doch mit welchen Denkansätzen
diese Sehnsüchte technisch formuliert und gebaut
werden (individualistisch, mit einem mechanistischen,
kategorisierenden Blick etc.) und was die dafür verwen-
dete Mathematik tatsächlich leistet, steht auf einem
anderen Blatt.

Archäologie der Projektionslandschaft von KI

Die Projektionslandschaft der KI-Technologie hat eine
Jahrhunderte alte Geschichte, die weit vor die Zeit
der Aufklärung zurückreicht. Mit seiner Rechenmaschi-
ne entwickelte Gottfried Wilhelm Leibniz in den 1670er-
Jahren eine Maschine, die alle vier arithmetischen
Operationen (Addition, Subtraktion, Multiplikation und
Division) durchführen konnte. Leibniz beschrieb
sie in einem Brief vom 26. März 1673[1] an seinen Mäzen
Johann Friedrich als einen Apparat, mit dem das
Rechnen „leicht, geschwind, gewiß sey". Das Rechnen
stand für Leibniz für die „Arbeit des Gemüths, Nachsin-
nens, im Sinn Behaltens, Rathens".[2] Denken war für
Leibniz das Rechnen.

Die Vereinigung der Mathematik und der Maschinen-
lehre, insbesondere durch Galileo Galilei schon im
16. Jahrhundert, führte zu einer Mathematisierung und
zugleich Mechanisierung der Natur. Experimente,

---

1 Onno Klopp (Hg.): *Die Werke von Leibniz. Erste Reihe: Historisch-politische und
staatswissenschaftliche Schriften,* 11 Bände, Hannover 1864–84, Bd. 3, S. 266ff.
2 Ebd.

Beobachtungen, quantitative Messungen und Analysen des Beobachteten basierten danach auf den Grundlagen der Mathematik. Galilei forderte die Vorrangstellung dieser Methodik über die bisherigen philosophischen Erkenntnismethoden, über die Natur und dem, was der Mensch erfahren kann. Das Weltbild wurde gleichsam mechanisiert. Der Mensch stand als die Krone einer Schöpfung voller Automaten da. Diese Automaten wurden nicht als Maschinen mit einem Innenleben voller Rädchen betrachtet, sondern als reduktiv erklärbare Systeme, die vollständig durch ihre Einzelteile bestimmt wurden und in der jede Ursache eine Wirkung hatte. Diese Methode diente nicht nur der Beschreibung von Naturphänomenen, sondern stellte auch die Denkgrundlage dar, womit der Mensch sich die Natur aneignen sollte. Sie wurde als wissenschaftliche Methode gesetzt, um die Natur – mitunter auch die menschliche – zu beherrschen und zu überwinden. Mit der Schaffung der mechanischen Rechenmaschine unternahm Leibniz einen ersten Schritt hin zu dem, was Justin E. H. Smith als ein Jahrhundertprojekt der „Auslagerung der Rationalität" – des Denkens – an Maschinen bezeichnen würde.[3] Leibniz' Maschine solle „gewiß" sein, sie solle Gewißheit produzieren im Sinne von Wahrheit und im Gegenzug zur (statistischen) Wahrscheinlichkeit: „(…) so lange an der Maschine nichts versehret wird, ohnmüglich zu fehlen, und dahehr keine Probe (erfordernd)".[4]

Sie sollte menschliches Denken (Rechnen) optimieren, und so „vor Rechen-Cammern, Contoirs, Meß-Kunst, Fortification, Schiffart ja ganze Mathesin und Mecha-

---

3 Justin E.H. Smith: *Irrationality*, Princeton: Princeton University Press 2019.
4 Wie Anm. 1, Klopp 1864-1884, Bd. 3, S. 266.

nick, auch Commercien und Financen einen unglaub-
lichen Nutzen haben, die menschliche Arbeit darin
auff die helffte mindern, auch so gar unnöthige Menge
der dazu brauchenden Personen und viele Gagen
ersparen kann".[5]

Die Maschine und das maschinelle Denken sollen
im Sinne des Philosophen Francis Bacon die Einschrän-
kungen überwinden, die den Menschen durch seine
Natur, seine Kultur und falschen Sprachgebrauch an Er-
kenntnissen hindern.[6] Die (menschliche) Natur wird
so zum Material, das mechanisch manipuliert und
durch Maschinen nachgeahmt, verbessert, ersetzt oder
überwunden werden kann – dies im Gegensatz
zu anderen Kosmovisionen, die die Harmonie mit der
Natur suchten.

Doch was für eine Art Denken ist es, das es zu optimieren gilt? Das Denken Leibniz', aber auch der gesamten
Aufklärung wurde vom Philosoph René Descartes
vorgeprägt.[7] Descartes wollte das Wissen von menschlichen Intuitionen und Emotionen befreien. Beides hielt
er für unstabil und fehlbar. Subjektivität wurde als
menschlicher Makel, als „irrational" und Hinderung im
Denkprozess gesehen. Sie auf ein Minimum zu reduzie-
ren, wenn nicht gar vollständig zu beseitigen, war
zentraler Bestandteil im Denkprozess. Die Suche nach
Wissen sollte von der „objektiven" Vernunft geleitet
werden. Descartes Hauptinteresse galt der Suche nach
stabilen Strukturen in den sich verändernden und
schwankenden Phänomenen der Natur. Er ging davon

5 Ebd.
6 Karen Gloy: *Die Geschichte des wissenschaftlichen Denkens*, München 1995,
S. 179ff.
7 John Cottingham, Robert Stoothoff, Dugald Murdoch (Hg.): *The Philosophical Writings of Descartes*, Bd. 2, Cambridge: Cambridge University Press 1984.

aus, dass solche Strukturen zu universellen Grundlagen des Wissens führten. Alles, was zweifelhaft sein könnte, sollte ausgeschlossen werden. Auch der Körper gehörte zu dem, was angezweifelt werden durfte. So schreibt Descartes: „Ich erkannte daraus, dass ich eine Substanz bin, deren ganzes Wesen oder deren Natur nur darin besteht, zu denken, und die zum Sein keinen Ort braucht noch von irgendeinem materiellen Ding abhängt."[8]

Der Zweifel wird zum Instrument der Neutralisierung, blendet Gender, Hautfarbe, Muttersprache aus, stellt insgesamt die eigene gesellschaftliche Position und Sozialisierung in Frage. Das Denken soll nach Descartes ortlos sein. Diese Ortlosigkeit steht für eine „Objektivität", die bar jeder menschlichen Kontextualisierung und Differenzierung ist. Nun lässt sich vieles, was menschliche Identität ausmacht, nicht ablegen, und häufig ist es keine Frage der eigenen Entscheidung. Die Hautfarbe, die Kultur und deren soziohistorische Kontexte können nicht einfach selbst gewählt oder „abgelegt" werden. Die cartesianische Denkvorgabe impliziert nicht nur, dass es keine Unterschiede zwischen den Menschen gibt, sondern dass der Denkvorgang bei allen gleich zu sein hat.

Der oben beschriebene mechanistische Blick, das Verständnis Descartes und Bacons vom Menschen und von der Rationalität blieben nicht bloße philosophische Gedanken. Bacon systematisierte wissenschaftstheoretisch diese Sicht der Natur (des Menschen) und übertrug diese Methode in seinen Schriften *Novum Organon* (1620) und *Nova Atlantis* (1624) auf die

8 René Descartes: *Von der Methode des richtigen Vernunftgebrauchs und der wissenschaftlichen Forschung,* Hamburg 1960, S. 27.

Wissenschaft im Allgemeinen, die auch das politische und ethische Denken erfassten. Für Sara Ahmed prägen diese philosophischen und wissenschaftstheoretischen Gerüste nicht nur das Denken, sondern auch die Körperlichkeit des Einzelnen.[9] Ahmed nach erben alle Körper die Geschichte und das Erbe des Cartesianismus (Descartes' Philosophie), der auf einer weißen, heterosexuellen Ontologie beruht. Der Körper und die Weltvorstellung des weißen, heterosexuellen, westlichen Mannes werden durch einen unsichtbaren Hintergrund mitdefiniert, der als „normal", „Standard" oder „universelle Position" angesehen wird. Alles, was hiervon abweicht, wird als „Ausreißer" bezeichnet. Folglich ist das Verständnis von Begriffen wie „Wissen" und „Ethik" eher abstrakt, losgelöst von Kontext, Genre oder Ursprung. „Wissen ist nach dieser Weltanschauung im idealen, rationalen, statischen, in sich geschlossenen und autarken Subjekt verwurzelt, das als körperloser und desinteressierter Beobachter die Außenwelt (...) aus der Ferne betrachtet."[10]

Mathematischer Kubismus

Die Automatisierung von Verfahren in einer Gesellschaft bedeutet, darüber zu entscheiden, welche Aspekte des Verfahrens oder Prozesses in Daten verwandelt und verarbeitet werden – und welche nicht. All das, was nicht in der Datenbank steht, existiert für das Programm (das Modell) nicht. Diese Automatisierung zerlegt komplexe gesellschaftliche oder mensch-

9 Sara Ahmed: „A Phenomenology of Whiteness", in: *Feminist Theory,* 8 (2007), S. 149–168.
10 Abeba Birhane: „Algorithmic Injustice: A Relational Ethics Approach", in: *Patterns,* 2, 2 (2021), unter: www.sciencedirect.com/science/article/pii/S2666389921000155 (abgerufen am 3.2.2023).

liche Prozesse in verschiedene Schritte. Es macht etwa aus einem Wald eine Ansammlung von Einzelbäumen. Aus einem komplexen Ökosystem aus Beziehungen, Interaktionen und Abhängigkeiten wird technologisch eine Aneinanderreihung von Kategorien gebildet, die allerdings eine verzerrte Kartografie des Geländes bilden. Landkarten sind aber keine Territorien.

Kategorien sind selbst inhaltsreich. Sie kumulieren und strukturieren Informationen über die Mitglieder einer Gesellschaft. Beispielsweise kann eine Frau kategorisiert werden als Muslima, Dame, Tante oder Tochter.[11] Jede Kategorie beinhaltet einen Satz von kategoriegebundenen Aktivitäten, Prädikaten oder Rechten und Pflichten. Jede Zuordnung eines Menschen zu einer bestimmten Kategorie ist zugleich eine Zuordnung zu gesellschaftlichen Erwartungen, Pflichten und Rechten. Jede Kategorie enthält zugleich eine klar definierte Ein- und Abgrenzung zu allen anderen Kategorien. Frau, Tochter, Dame, Muslima. Aus den Kategorie-Schubladen werden generische Profile von Menschen gebastelt, die wie eine kubistische Figur anmuten, die Dreidimensionalität auf einer zweidimensionalen Leinwand darstellt: Einzelne Menschen werden in Prozentsätzen und Durchschnitten „zerstückelt", die sie z.B. in eine generische Frau, nebst einer generischen Tochter, nebst einer generischen Muslima dekonstruieren. Die Ambivalenz der Identität wird in ihrer Komplexität auf eine Ansammlung von Schubladen und Prozentsätze reduziert.

Ein Programm ist keine Abbildung der „Wirklichkeit". Der Versuch, Menschen, Prozesse, Gefühle, Naturphä-

11 Vgl. Harvey Sacks, *Lectures on Conversation*, Bd. 1 und 2, Oxford: Blackwell 1992, S. 40ff.

nomene in Daten zu mathematisieren, ist vielmehr
die Ankündigung einer Verzerrung, die in Zukunft
Hierarchien, Rechte und Pflichten kreieren wird, und
zwar als ein konstitutiv politischer Akt. Diese oben
als Kubismus beschriebene Verzerrung ist das, was
George Box in seinem Diktum „Alle Modelle sind
falsch"[12] zum Ausdruck brachte. Die Statistik und die
mathematischen Methoden mögen entstanden
sein, um bestimmte idealisierte Ziele zu erreichen,
nämlich um die *Wirklichkeit* abzubilden und menschliche *Intelligenz* zu automatisieren. Ihre Zielsetzung
bleibt aber eine Projektionslandschaft, die diese
Technologien *qua natur* nicht leisten können. Doch was
sie mathematisch vollziehen, ist mehr als Mathematik.
Es ist die politische Entscheidung, Verfahren oder
Sachverhalten die ihnen innewohnende Ambivalenz
mittels Automatisierung zu verweigern.

Diese Modelle sind somit Ausdruck einer normativen
Gestaltungsabsicht. Sie besteht in der Entscheidung,
Prozesse mit statistischen Techniken der Verallgemei-
nerung statt der Kontextualisierung zu gestalten. Und
es ist die Entscheidung für das Ins-Zentrum-Stellen
von Automatisierungstechnologien, in dem Menschen
für die Maschine als Datenfutter, als KI-Trainierende
arbeiten und ihre soziale Sprache für die Sprache von
Prozenten, Wahrscheinlichkeiten und statistischen
Schubladen verlassen.

Computermodelle haben auch eine durchaus materielle
Seite. Die Produktion der Computerinfrastrukturen
benötigen seltene, kritische Rohstoffe, die in den
entlegensten, von (westlichen oder westlich geprägten)

---

12 George E. P. Box, William Hunter, Stuart Hunter: *Statistics for
Experimenters*, Hoboken, NJ: John Wiley & Sons ²2005, S. 440.

Industriestaaten ökonomisch ausgebeuteten Regionen unter Wäldern, Flüssen und oft in indigenen Schutzgebieten liegen. Sie benötigen für die Herstellung und im Betrieb große Mengen an Strom und Kühlwasser, wodurch sie an vielen Orten in direkter Konkurrenz zum Alltagsbedarf für Essen, Hygiene und Gesundheit stehen. Die Modelle können ihren qualitativen Status quo nur mit der täglichen Arbeit von ganzen Heerscharen von sogenannten „Klick-Arbeitenden" in eben jenen entlegenen, ausgebeuteten Regionen halten. Sie korrigieren diese Technologien täglich, stündlich und für sehr wenig Geld.

„Essentially, all models are wrong, but some are useful." Ja, alle Modelle sind falsch, doch manche sind legitimer als andere. Was legitim ist, wäre Gegenstand eines anderen Aufsatzes.

Lorena Jaume-Palasí (*1979) is the founder of the NGO The Ethical Tech Society, which is concerned with the processes and social relevance of – and the legal and philosophical questions raised by – automation and digitalization. Lorena Jaume-Palasí researches into artificial intelligence, data policy, and the related ethical issues. She is consulted by organizations, associations, and governments around the world – including the Spanish Government and the European Parliament.

Chronicle of a Distortion Foretold

Lorena Jaume-Palasí

"Essentially, all models are wrong, but some are useful."
George Box

Artificial intelligence (AI) is a cultural projection.
The term covers a huge repository of different technologies (e.g. computer vision, deep learning, natural language processing) that are used in the automation of processes.

But technology always entails more than a mere accumulation of cables, chips, software, and data. For example, a simple element such as a keyboard determines the way in which language is used. A certain choice of keyboard facilitates the use of certain alphabets, while others remain excluded. Keyboards require us to learn ten-finger typing and belong to a world in which people have two hands and written communication enjoys an elevated status. Rather than only having a material dimension, a technology is also an aggregation of practices and approaches. Technologies form and structure our worlds.

The projection landscape of AI – the totality of the expectations, ideas, aspirations, and promises that we project onto AI – targets the creation of machines that think, perceive, and react like humans. But the approaches to technically formulating and realizing these aspirations (individualistic, with a mechanistic, categorizing perspective, etc.) and the actual contribution of the mathematics employed in the process, are an entirely different story.

The archaeology of the projection landscape of AI

The history of the projection landscape of AI technology stretches back over centuries to long before the Enlightenment. The calculating machine developed by Gottfried Wilhelm Leibniz in the 1670s was able to perform all four arithmetical operations (addition, subtraction, multiplication, and division). In a letter to his patron Johann Friedrich dated March 26, 1673,[1] Leibniz described it as a device, with which calculation "is easy, fast, and reliable". For Leibniz, calculation stood for the "work of the mind, of contemplation in the sense of retaining, figuring out".[2] For Leibniz, thinking was calculating.

The combination of mathematics with the study of machines, particularly by Galileo Galilei as far back as the 16th century, led to the simultaneous mathematization and mechanization of nature. Henceforth, experiments, observations, quantitative measurements, and the analysis thereof were based on mathematical principles. Galilei demanded that this approach should take precedence over previous philosophical methods of observing nature and all that humans can experience. It was as if our view of the world had been mechanized. Humans stood at the apex of a creation that

1 Onno Klopp (ed.): *Die Werke von Leibniz. Erste Reihe: Historisch-politische und staatswissenschaftliche Schriften,* 11 vols., Hannover 1864–84, vol. 3, pp. 266ff.
2 Ibid., transl. by Rupert Hebblethwaite.

was full of machines, machines that were seen not as devices full of cogs and wheels, but as reductively explicable systems that were completely determined by their individual parts and in which every cause had an effect. This method was not only used to explain natural phenomena, but also provided the conceptual basis for the human appropriation of nature. It was seen as a scientific means of mastering and overcoming nature in all its forms – including human nature.

By creating mechanical calculating machines, Leibniz took a first step towards what Justin E. H. Smith would describe as a project of many centuries, the "outsourcing of rationality" – of thinking – to machines.[3] Leibniz's machine should be "reliable", it should produce reliability in the sense of truth and as a counter to (statistical) probability: "(…) as long as everything on the machine is functioning, mistakes are impossible, and thus neither are tests (necessary)."[4] It should optimize human thought (calculation), and thus "be unbelievably useful to chambers of bookkeepers, counting desks, surveyors, builders of fortifications, seafarers, and, indeed, all those using mathematics and mechanics, commerce and finance, reducing human work by half and avoiding the employment of unnecessary numbers of people and the paying of many salaries."[5]

The machine and mechanical thinking should overcome the constraints that, according to the philosopher Francis Bacon, are placed on human perception by our

3 Justin E. H. Smith: *Irrationality,* Princeton: Princeton University Press 2019.
4 See note 1: Klopp 1864–1884, vol. 3, p. 266, transl. by Rupert Hebblethwaite.
5 Ibid., transl. by Rupert Hebblethwaite.

nature, culture, and incorrect use of language.[6] (Human) nature thus becomes a material that can be mechanically manipulated and imitated, improved, replaced, or overcome by machines – in contrast with other visions of the cosmos, which strived for harmony with nature.

But what is this way of thinking that should be optimized? The thinking of Leibniz and, indeed, of the Enlightenment in general was shaped by the philosopher René Descartes.[7] Descartes wanted to liberate knowledge from human intuition and emotions, which he regarded as unstable and fallible. Subjectivity was seen as a human flaw, as "irrational", and as an obstruction to the thought process, and a key component of this process was to reduce this subjectivity to a minimum, if not to eradicate it completely. The quest for knowledge should be accompanied by "objective" reason. Descartes's principle interest was the search for stable structures in the evolving and fluctuating phenomena of nature. He assumed that such structures would lead to universal bases of knowledge. Everything that could be doubted should be excluded. Even the human body was one of these objects that should be called into question. As Descartes writes: "From this I knew that I was a substance whose entire essence or nature consists in thinking, and which, to exist, need have no location, nor depend upon anything material."[8]

6 Karen Gloy: *Die Geschichte des wissenschaftlichen Denkens,* Munich 1995, pp. 179ff.
7 John Cottingham, Robert Stoothoff, Dugald Murdoch (eds.): *The Philosophical Writings of Descartes,* vol. 2, Cambridge: Cambridge University Press 1984.
8 René Descartes: *Discourse on Method, Optics, Geometry, and Meteorology,* transl. by Paul J. Olscamp, Indianapolis: Hackett 2001, p. 28.

Doubt becomes the instrument of neutralization, a means of ignoring gender, skin color, mother tongue, and, indeed, one's entire social position and socialization. For Descartes, thinking should be placeless. And this placelessness stands for an "objectivity" that is devoid of any human contextualization and differentiation.

The reality is, however, that there are many aspects of human identity that it is not possible to dispense with in this way; that are not a matter of choice. Skin color, culture, and their socio-historical context cannot simply be either selected or "cast aside".

These Cartesian cognitive guidelines, on the other hand, imply not only that there is no difference between people, but also that we must all think in the same way.

The mechanistic perspective described above, this understanding of humans and human rationality as shared by Descartes and Bacon, is more than just a mere philosophical idea. In his works *Novum Organon* (1620) and *Nova Atlantis* (1624), Bacon gave scientific method to this way of looking at nature (and humans) and translated it into a general approach to all areas of scholarship, including political and ethical theory.

For Sara Ahmed, these philosophical and epistemological frameworks shape not only how we think but also our individual physicality.[9] She believes that all beings inherit the history and legacy of Cartesianism (Descartes's philosophy), with its white, heterosexual

9 Sara Ahmed: "A phenomenology of whiteness", in: *Feminist Theory*, 8 (2007), pp. 149–68.

ontology. The body and the worldview of the white, heterosexual, Western male are partly defined by an imperceptible background, which is regarded as "normal", "standard", or a "universal position". Anything that deviates from this is described as an "outlier". As a result, our understanding of terms such as "knowledge" and "ethics" tends to be abstract and detached from any context, genre, or origin. "Knowledge, according to this worldview, is rooted in the ideal rational, static, self-contained, and self-sufficient subject that contemplates the external world from afar (…) as a disembodied and disinterested observer."[10]

Mathematical cubism

The automation of processes in a society obliges us to decide which aspects of a process are to be transformed into and processed as data – and which not. From the perspective of the program (the model), everything that is not in the database does not exist. This automation breaks down complex social and human processes into a series of steps – just like, for instance, seeing a forest as an agglomeration of individual trees. A complex ecosystem based on relationships, interactions, and interdependencies is technologically reshaped as a succession of categories that, however, map out the ground in a distorted way. But maps are not territories.

In themselves, categories are rich with content. They cumulate and structure information about the mem-

10   Abeba Birhane: "Algorithmic Injustice: A Relational Ethics Approach" in: *Patterns*, vol. 2, no. 2, 2021, www.sciencedirect.com/science/article/pii/ S2666389921000155 (retrieved 3.2.2023).

bers of a society. For example, a woman can be categorized as a Muslim, a lady, an aunt, or a daughter.[11] Each category contains a set of category-related activities, attributes, or rights and obligations. And each allocation of an individual to a certain category is also an attribution of certain social expectations, obligations, and rights. At the same time, each category contains clearly-defined limits and boundaries to all other categories. Female, daughter, lady, Muslim. Generic profiles of people are pieced together from categorical pigeonholes, reducing them to something resembling a cubist figure, a two-dimensional projection of the three-dimensional: Individuals are "fragmented" into percentages and averages, deconstructed into, for example, a generic female, plus a generic daughter, plus a generic Muslim. In all its complexity, the ambivalence of their identity is reduced to an array of pigeonholes and percentages.

A program is not an illustration of "reality". The attempt to mathematize people, processes, feelings, and natural phenomena in the form of data is much more an indication of a distortion, which is a constitutive political act that will create future hierarchies, rights, and obligations. It is this distortion, which we described above as Cubism, to which George Box was referring with his dictum "All models are wrong"[12]. Statistics and mathematical methods may have emerged as means of achieving a certain idealized objective – of portraying reality and automating human intelligence. However, this objective remains a projection landscape that

11 Cf. Harvey Sacks, *Lectures on Conversation,* vols. 1 & 2, Oxford: Blackwell 1992, pp. 40ff.
12 George E. P. Box, William Hunter, Stuart Hunter: *Statistics for Experimenters*, Hoboken, NJ: John Wiley & Sons ^{2}2005, p. 440.

these technologies, by their very nature, are incapable of achieving. But what they do achieve mathematically is more than mathematics. It is the political decision to employ automation as a means of denying the intrinsic ambivalence of processes and situations.

Hence, these models are the expression of a tendency towards normative design. This comes from the decision to shape processes using statistical techniques based on generalization rather than contextualization. And from the decision to focus on automation technologies, in which humans work for machines as data feeds and AI trainers and abandon their social language in favor of the language of percentages, probabilities, and statistical pigeonholes.

Computer models also have a thoroughly material side. The production of computer infrastructures requires rare, critical raw materials that are to be found below the forests and rivers and, often, in the protected indigenous areas of the remotest regions, which are economically exploited by (Western or Western-influenced) industrial nations. The creation and operation of these infrastructures require huge amounts of electricity and cooling water, as a result of which they directly compete, in many places, with the everyday nutritional, hygienic, and health needs of local populations. The models only maintain their qualitative status quo thanks to the daily work of armies of so-called "clickworkers" in these same, remote, exploited regions. They fix these technologies daily, hourly, and for very little money.

"Essentially, all models are wrong, but some are useful." Yes, all models are wrong, but some are more legitimate than others. Defining this legitimacy would be the subject of another article.

Hanno Depner (*1973) arbeitet am
Lehrstuhl für praktische Philosophie
der Universität Rostock, wo er im
Department Wissen – Kultur – Transformation promovierte. In seiner
Forschung beschäftigt er sich mit per-
formativer Philosophie und Interdiszi-
plinarität. Er veröffentlichte bislang
zwei seiner philosophischen Bausätze,
die die Theorien Immanuel Kants
und Ludwig Wittgensteins modellhaft
anschaulich machen.

Eine konkrete Dekonstruktion – Zur zeilenlosen Schrift philosophischer Bausätze

Hanno Depner

Modelle sind für vieles gut. Mit Modellen (insbesondere Skizzen, Entwürfen, Studien) lassen sich Ideen erproben, ohne von Erwartungen an ein bestimmtes Ergebnis allzu festgelegt zu sein. Dabei stellen Modelle auf konkrete Weise Zusammenhänge her, die somit betont werden und die angesichts komplexer Sachverhalte der Willensbildung und Orientierung dienen. Je genauer die Vorstellungen vom zu erwartenden Ergebnis (und der Funktion, die ein Modell zu erfüllen hat) werden, desto weniger Vagheit bedarf die Gestaltung oder die Wahrnehmung dieses Modells. Mit zunehmender Präzision wird es zu einem Spezialwerkzeug der Anschaulichkeit – etwa zur Analyse, die Handlungen ermöglicht, zur Diagnose, die eine Problemlösung vorschlägt, oder zur Prognose, welche die Zukunft messbar macht und gleichzeitig die Fähigkeit des Modells rückwirkend zu beurteilen erlaubt. In seiner anschaulichen Abstraktion wirkt das Modell wie eine Idealisierung und fungiert oft als Vorbild. Wegen seiner Anschaulichkeit hat es auch erstaunliche Fähigkeiten der Kommunikation und Dokumentation, die es gegenüber Texten auszeichnet.[1]

---

1 Was ich als fließenden Übergang zwischen „vagen" und „präzisen" Modellen beschreibe, ist bei Sabine Ammon auf den Gegensatz von „generativer" und „instrumenteller" Operativität gebracht. Wie sie betone ich die Vorzüge der in vagen Modellen angelegten „generativen Operativität", besonders ihr ästhetisches Potenzial, das in der Diskussion über Modelle (oder Entwürfe oder Diagramme) häufig unterbelichtet bleibt. Vgl. Sabine Ammon: „Einige Überlegungen zur generativen und instrumentellen Operativität von technischen Bildern", in: Hanno Depner (Hg.): *Visuelle Philosophie,* Würzburg 2015, S. 167–181, hier S. 174.

Die immer präzisere Bestimmung der Funktionen eines Modells verhindert jedoch dessen umfassendes Verständnis. Modelle ermöglichen etwas, während sie selbst im Schatten stehen. Sie stehen hinter dem erreichten Ergebnis zurück. Diesen Schatten (eines nicht vollständig bestimmten Ermöglichens) zu erhellen, ohne ihn dabei zum Verschwinden (in der bestimmten Funktion des Spezialwerkzeugs) zu bringen, ist ein heikler Prozess. Aber er ist jede Anstrengung und jede Kunstfertigkeit wert. Denn ein solches Erhellen steht beispielhaft für ein umfassendes Verstehen, das Dinge – und nicht bloß Modelle – nicht allein auf eine vermeintlich unumstrittene Funktionalität festlegt (womit sie als Erkenntnisobjekte normiert würden, schon bevor sie erkannt sind). Stattdessen hält sich solches Erhellen in gespannter Bereitschaft für Übersehenes, zu Entdeckendes, Unerwartetes, Einzigartiges. Es berücksichtigt den singulären Kontext samt dort benötigter individueller Handlungsentscheidungen mit. Mit schon älteren philosophischen Begriffen wäre dieses Erhellen, das Modelle im Besonderen herausfordern, zu benennen als: Aufklärung, Kritik, Bildung – mit einem neueren aus dem Medienzeitalter als: Dekonstruktion.

Der von Jacques Derrida geprägte Begriff der Dekonstruktion bezeichnet eine Haltung gegenüber Texten (und im Weiteren gegenüber allen möglichen Kon- und Perzepten), die deren unhinterfragte geschichtliche wie mediale Voraussetzungen herausarbeitet und darin enthaltene Intentionen als vermeintliche vorführt, indem sie alternative Sinneffekte aufspürt. Dekonstruktion bezeichnet also eine sowohl destruktive wie konstruktive Unternehmung oder, um es weniger paradox auszudrücken und auf das Thema „Modelle" zuzuspitzen: Es geht dabei um eine Perspektive, in der

Texte zu Modellen werden. Ein Text ist ein Modell, weil er immer nur eine unter mehreren Möglichkeiten des Verstehens ist, und weil das so ist, muss er auch eine Auslegung erfahren. Was als autonomes Werk galt, steht nun als Modell da. Was als abgeschlossene Wissenseinheit – Information, Faktum – erschien, zeigt sich konkret: als (materiell) gemacht und zur (rechtfertigungspflichtigen) Anwendung bestimmt.

Es ist klar, dass diese Perspektive, wenn sie nicht einfach eingenommen oder praktiziert, sondern dargestellt, reflektiert oder erhellt wird, selbst eine eher modellhafte Form annehmen sollte – sonst entstände nichts weiter als ein neues Werk, eine neue Information. Diese gewöhnlichen Formate des Wissens stehen aber gerade in der Kritik. Deshalb sind neue Formate des Wissens wichtig. In den Worten Derridas: „Was es heute zu denken gilt, kann in Form der Zeile oder des Buches nicht niedergeschrieben werden."[2]

Meine Modelle sind philosophische Bausätze. Ich habe bisher zwei entworfen: *Kant für die Hand. Die „Kritik der reinen Vernunft" zum Basteln und Begreifen* (2011) und *Wittgensteins Welt. Der „Tractatus" als Turm zum Basteln und Begreifen* (2019).[3] Sie übersetzen klassische philosophische Texte in dreidimensionale Objekte aus festem Papier, die von Leser:innen selbst zusammengebaut werden müssen. Produziert werden die Bausätze in Form von Büchern. Sie enthalten vorgestanzte Bastelelemente und können gemäß einer Anleitung zusammengeklebt werden. Daneben erläutern kurze, sachliche Texte die Hintergründe, Begrifflichkeit und Argumentation des jeweiligen Werkes.

2 Jacques Derrida: *Grammatologie,* Frankfurt am Main 1983, S. 155.
3 Aus ihnen stammen auch die Abbildungen.

Die zusammengeklebten konkreten Gedankengebäude
stellen keine „freien Interpretationen" dar, sondern
orientieren sich an quantifizierbaren formalen Text-
strukturen wie Nummerierungen, Einteilungen und
Schlüsselbegriffen. Zudem sind die wichtigsten und
unstrittigsten inhaltlichen Konzeptionierungen der
philosophischen Werke umgesetzt, etwa Abstraktions-
ebenen, Gegensätzlichkeiten und Argumentationsver-
läufe, und zwar mit gestalterischen Mitteln wie farb-
lichen Differenzierungen, Größenverhältnissen und
räumlicher Anordnung. Meine Bausätze lassen sich
insofern als Infografiken verwenden. Sie sind in dieser
Hinsicht mit populären didaktischen Einführungen
vergleichbar, in denen es um Komplexitätsreduktion
und die Vermittlung vorgegebener Inhalte geht.

Das ungewöhnliche Format des philosophischen
Bausatzes nutzt allerdings weitaus mehr Möglichkeiten
grafischer Gestaltung als die konventionelle Infografik.[4]
Weil sich kein routinierter Umgang mit dem Crossover
aus philosophischem Klassiker und Modellbausatz
etabliert hat, geben schon Nuancen der Gestaltung zu
ungewöhnlich vielen Fragen Anlass – und zwar sowohl
für mich als Gestalter als auch für die Rezipient:innen.
Umrisse, Formen, Farben, alle konkreten Eigenheiten
des Materials setzen sich unweigerlich in Beziehung
zum verarbeiteten philosophischen Text, allerdings in
eine Beziehung, die in den meisten Fällen ungeklärt ist
und bleibt. Es werden Fragen aufgeworfen, die nicht
eindeutig zum Text hin- oder von ihm wegführen und
die unvermutet den Text erhellen können, obwohl und
sogar weil sie nicht direkt von ihm aufgeworfen werden.

4 Die ästhetisch erweiterte Syntax von Diagrammen bespreche ich ausführlicher in meinem Aufsatz „Mit Diagrammen philosophieren?", in: *Angewandte
Philosophie,* 1 (2017), S. 112–136.

Aber es drängen sich auch Antwortmöglichkeiten auf: Manchmal nutze ich die Gelegenheit zu einem Kommentar zu Kant oder Wittgenstein, der allerdings unausgesprochen bleibt. Rezipient:innen mögen meine Anspielungen verstehen, sie entdecken aber auch selbstständig Analogien, die überraschend oder mehr oder weniger überzeugend sein können.

Die konkreten Formen der gebastelten Gedankengebäude gaben häufig Anlass zu mehr oder weniger wilden Assoziationen. Der ausgeklappte Kant-Würfel wurde in Rezensionen und Veranstaltungen mit einem Raumschiff, einem Präzisionsinstrument, einer Denkmaschine und sogar mit einer Kuh bzw. deren Euter verglichen.[5] Die meiner Meinung nach treffendste (und von mir nicht intendierte) Deutung stammt von der Performerin und Professorin Valerie Granzer, die den Kant-Würfel als eine Erkenntnis-Kathedrale sah, die auf die sinnliche Laschen-Zunge angewiesen ist, um in Bewegung zu kommen und sich zu entfalten.[6]

Die Gestaltung des Tractatus-Turms in den drei Grundfarben hat die Frage danach ausgelöst, ob nicht Schwarz und Weiß dem *Tractatus* mit seiner Hervorhebung von Binarität angemessener gewesen wären. Eine mögliche Deutung (die beim tatsächlichen Gestaltungsprozess entscheidend war) könnte die bunte Farbigkeit als Vorausblick auf die pluralistische, nicht-binäre Sprachkonzeption von Wittgensteins Spätwerk erläutern, mit der Wittgenstein die „schwe-

---

5 In der Sendung Kulturpalast / ZDFkultur am 8.9.2011 mit Pegah Ferydoni inspirierten die ausklappbaren Türmchen im Kant-Würfel den Studiogast zu melkenden Bewegungen (ohne jeden Bezug auf Kant).
6 Anlässlich einer Präsentation von *Kant für die Hand* beim Soundcheck-Philosophie-Festival in Halle am 16.6.2011.

re[n] Irrtümer" seines frühen Werks überwand.[7] Neben
einer solchen interpretatorischen Antwortmöglichkeit
lassen sich eine Fülle weiterer Spuren finden – etwa
Lambert Wiesings Vergleich des frühen Wittgenstein
mit Mondrian,[8] womit auch ein Bezug auf die quadrati-
sche Form der Farbflächen hergestellt wäre. Ein solches,
hier kurz angerissenes, ästhetisch inspiriertes Nach-
denken verzichtet nicht auf Gründe, folgt aber keiner
Ökonomie der Argumentation und birgt von daher
immer wieder Überraschungen.

Neben irritierten Reaktionen über die Komplexität des
Bastelprozesses erfahre ich manchmal auch von
unmittelbaren praktischen Reaktionen wie dem Entwerfen eigener Bastelformen mit Schülern im Unter-
richt.[9] Und besonders fällt mir das häufige Lachen als
Reaktion auf die Bausätze auf. Ich deute es als Effekt
der Fallhöhe zwischen den hohen Ansprüchen an
abstraktes Denken und seiner Umsetzung mit Spielma-
terialien von Kindern. Ich glaube aber auch, dass
mit dem Lachen die Änderung einer Sichtweise ausge-
drückt wird, die neue Handlungen ermöglicht und
somit unbegriffliches Begreifen einer praktischen
Erkenntnis – oder einer Haltungsänderung – markiert,
die nicht gut in Worte zu fassen ist.

Solche Sinneffekte entstehen aus einer Strategie der
Dekonstruktion, die sichtbar macht, was Derrida

---

7 Vgl. Ludwig Wittgenstein: *Tractatus logico-philosophicus*, Werkausgabe Bd. 1,
Frankfurt am Main 1984, S. 232.
8 Vgl. Lambert Wiesing: *Stil und Wahrheit. Kurt Schwitters und Ludwig
Wittgenstein über ästhetische Lebensformen*, München 1991.
9 Besonders in diesem Absatz greife ich Erfahrungen auf, die ich ausführlicher
in meinem Aufsatz „Erkenntnisspuren ohne didaktisches Geländer" beschrieben habe. In: *Zeitschrift für Didaktik der Philosophie und Ethik*, 2 (2019),
S. 38–47, hier S. 39f. und 47.

als Verräumlichung und Verzeitlichung der différance beschrieben hat.[10] Diese Operation nimmt den Text in der konkreten Materialität seiner Zeichenstruktur wahr und weist auf jene Körperlichkeit hin, welcher sich der scheinbar nur geistige Textsinn entzieht. Der aus Verräumlichung und Verzeitlichung resultierende Erkenntniseffekt ist besonders dann nützlich, wenn sich Informationen immer körperloser und ortloser geben, wie es in der gegenwärtigen digitalisierten Globalisierung der Fall ist. Informationen, die immer leichter hergestellt und verbreitet werden können, lassen übersehen, dass auch sie nur unter konkreten Umständen und mittels konkreter Materialien hergestellt, angewendet und vermittelt werden können. Sie machen vergessen, dass sie keinen absoluten, sondern einen relativen Wert haben, der darin besteht, dass sie als Abkürzungen von komplexen Wissensprozessen entlastend wirken und pragmatisch nützlich sind. Und sie verschleiern, dass sie in Verantwortungsstrukturen eingebunden sein müssen, um ihren Wert nicht zu verlieren.

In der digitalisierten Globalisierung sind diese Verantwortungsstrukturen starken Erosionskräften ausgesetzt. Die digitale Erosion von Verantwortung entsteht durch Information, die nicht verräumlicht und verzeitlicht ist wie in der Dekonstruktion durch philosophische Bausätze, sondern die im Gegenteil durch die digitale Vermittlung eine Entkörperlichung erfahren hat. Information, die gestaltet ist, um ihre Genese und Vermittlung zu verdecken, entlastet zwar die Leser:innen, begünstigt aber auch deren Verantwortungslosigkeit. Diesen Zusammenhang untersucht etwa der Medien-

---

10 Jacques Derrida: „Die différance", in: Peter Engelmann (Hg.), *Postmoderne und Dekonstruktion*, Stuttgart 1990, S. 83ff.

wissenschaftler Bernhard Pörksen: Während Informationen gegenwärtig eine ubiquitäre Dominanz erlangen, einen Zustand der „situationsunabhängigen Sichtbarkeit, permanenter ortloser Präsenz und unabweisbarer Evidenz"[11], nivelliert sich ihre Verbindlichkeit, weil sie jederzeit in beinahe beliebiger und widersprüchlicher Form verfügbar sind.[12] Entstehungskontexte werden zunehmend als inszeniert empfunden,[13] Rezeptionskontexte vervielfältigen sich und prallen als „Clash der Codes" global ungehemmt aufeinander.[14] Unvermutet überfordert und mit bislang ungekannten Möglichkeiten der globalen Verteilung von Information ausgestattet, werden die an Entlastung gewöhnten Rezipient:innen selbst zu Autor:innen – allerdings ohne besondere Kompetenz und Verantwortlichkeit.[15] Das postfaktische Zeitalter hat begonnen, oder genauer gesagt: Die Angst davor nimmt zu, und zwar berechtigterweise: „Die Idee letzter Gewissheit oder auch nur die Idee eines einigermaßen stabilen Realitätskonsens zerfällt und zerbröselt öffentlich, für alle sichtbar und in unabweisbarer Deutlichkeit."[16] Eine Verunsicherung über den Wahrheitsgehalt von Fakten greift um sich und

---

11 Bernhard Pörksen: *Die große Gereiztheit,* München 2021, S. 16. Die Analyse der folgenden zwei Absätze folgt meinem Text „Das Papier als Ort des Denkens", der in Kürze in der *Zeitschrift für Didaktik der Philosophie und Ethik* erscheinen wird.

12 Pörksen spricht von der „Gleichwertigkeitsdoktrin der Informationspräsentation", wie Anm. 11, Pörksen 2021, S. 41.

13 A.a.O., S. 31f.

14 „Millionen von über den Erdball verstreuten Menschen (...) setzen sich mit ein und demselben Inhalt – nur eben unvermeidlich aus ihrer jeweils besonderen Perspektive, vor dem Hintergrund ihrer je besonderen Kultur oder auch Ideologie – auseinander. (...) Es ergibt sich (...) ein fortwährender Clash der Codes, eine Sofort-Konfrontation und Ad-hoc-Vergleichbarkeit von äußerst unterschiedlichen Wahrnehmungsweisen." A.a.O., S. 16.

15 In der Begrifflichkeit von Pörksen: Durch die Schwächung der redaktionellen „Gatekeeper" (a.a.O., S. 68) wird der Leser zum Autor, der allerdings nicht mehr „Gatekeeper" ist.

16 A.a.O., S. 16.

führt zu einem gesteigerten Orientierungsbedürfnis. Verbindlichkeit und Verantwortung als Fixpunkte von individueller und gesellschaftlicher Orientierung werden nun immer dringender benötigt. Unter den gegebenen medialen Umständen hilft es jedoch gerade nicht, auf mehr Verbindlichkeit durch Information zu setzen, denn mehr vom Gleichen verschärft nur das Problem, wie gegenwärtig sichtbar ist: Es werden immer mehr Expertenmeinungen (bessere Informationen) nachgefragt, die dann noch routinierter angezweifelt werden. Es werden immer mehr Bücher gedruckt, die jeweils immer weniger gelesen werden. Expertenkabinette und populistische Regierungen wechseln einander ab. Es entsteht eine Spirale zunehmender Gereiztheit.[17]

Schon Dekonstruktion versteht sich nicht zuletzt als ethische Haltung unter Bedingungen des Informationszeitalters. Derrida setzt Dekonstruktion sogar mit Gerechtigkeit gleich, weil sie mit ihrer Aufmerksamkeit für Differenzen dem Gegenüber in seiner Andersartigkeit besser gerecht wird, ihr Erkennen auch von Texten, Kon- und Perzepten insofern „besser" ist – nicht unbedingt präziser, aber umfassender und angemessener: „Dekonstruktion ist Gerechtigkeit."[18]

Meine Bausätze folgen dabei einer anderen, eher in der Kunst anzutreffenden Strategie als Derridas Schriften. Während poststrukturalistische Strategien, zu denen die Dekonstruktion gehört, postfaktisch (von rechts) und identitätspolitisch (von links) missbraucht werden, inszenieren die Bausätze Verantwortungsstrukturen auf besonders augenfällige Weise: in der konkreten

17 Vgl. Pörksens Titel.
18 Jacques Derrida: *Gesetzeskraft. Der „mystische Grund der Autorität"*, Frankfurt am Main 1991, S. 30.

Materialisierung. Auf andere Weise als die Leser Derridas
sind die Rezipient:innen der Bausätze aufgefordert, ihre
Lektüre in die eigenen Hände zu nehmen. Sie müssen
ein unübersehbar verantwortungsvolles Verstehen
praktizieren: durch das Material gezwungenermaßen
tastend, langsam, sorgfältig, aktiv. Es wird ihrer Verantwortung anheimgestellt, ob der Bastelprozess Klebelasche für Klebelasche zu einem erfolgreichen Ende
kommt – ohne ihrer Willkür ausgesetzt zu sein, denn
mit den gebastelten Objekten entstehen sichtbare,
überprüfbare Ergebnisse. Und schließlich erfordert die
Fragilität der Gedankengebäude aus Papier einen
verantwortungsbewussten Umgang mit ihnen und ihren
Klapp- und Schiebemechanismen. Das damit prozesshaft inszenierte Wissen strebt aus dem Schutz der
Buchdeckel, zwischen denen Wissen traditionell die
Jahrhunderte überdauert, heraus und zeigt dabei, dass
Bücher nicht nur Speichermedien sind, sondern gleichzeitig Artefakte aus Papier. So wird eine Bestimmung
der Dekonstruktion eingelöst: „Es geht (…) nicht darum,
der Buchhülle noch nie dagewesene Schriften einzu-
verleiben, sondern endlich das zu lesen, was in den
vorhandenen Bänden schon immer zwischen den
Zeilen geschrieben stand. Mit dem Beginn einer zeilen-
losen Schrift wird man auch die vergangene Schrift
unter einem veränderten räumlichen Organisations-
prinzip lesen.“[19]

Die zeilenlose Schrift meiner philosophischen Bausätze
wählt nicht jene Strategie der Verräumlichung und
Verzeitlichung von Information, welche die inzwischen
selbst zu Werken gewordenen Schriften der Dekonstruktion vornehmen. Die philosophischen Bausätze insze-

19 Wie Anm. 2, Derrida 1983, S. 155.

nieren mit ihrer Gestaltung und ihrer Materialisierung Verantwortungsstrukturen, die beim Zusammenbau eine ganz eigene Konkretisierung erfahren, die sich vom reinen Lesen eines Textes unterscheidet. Im Sinne von Aufklärung bzw. Dekonstruktion verstanden, reagieren sie auf ein dringliches, höchst aktuelles Problem. Zusätzlich zu einer diskursiven Analyse bedarf es nämlich alternativer medialer Formen, durch deren Umgang und Kontrast sich ein tieferes, besseres Verständnis der gegenwärtig dominanten medialen Strukturen herausbilden kann. Auf diese Weise nimmt die zeilenlose Schrift der Bausätze die Herausforderung der digitalisierten Globalisierung an.

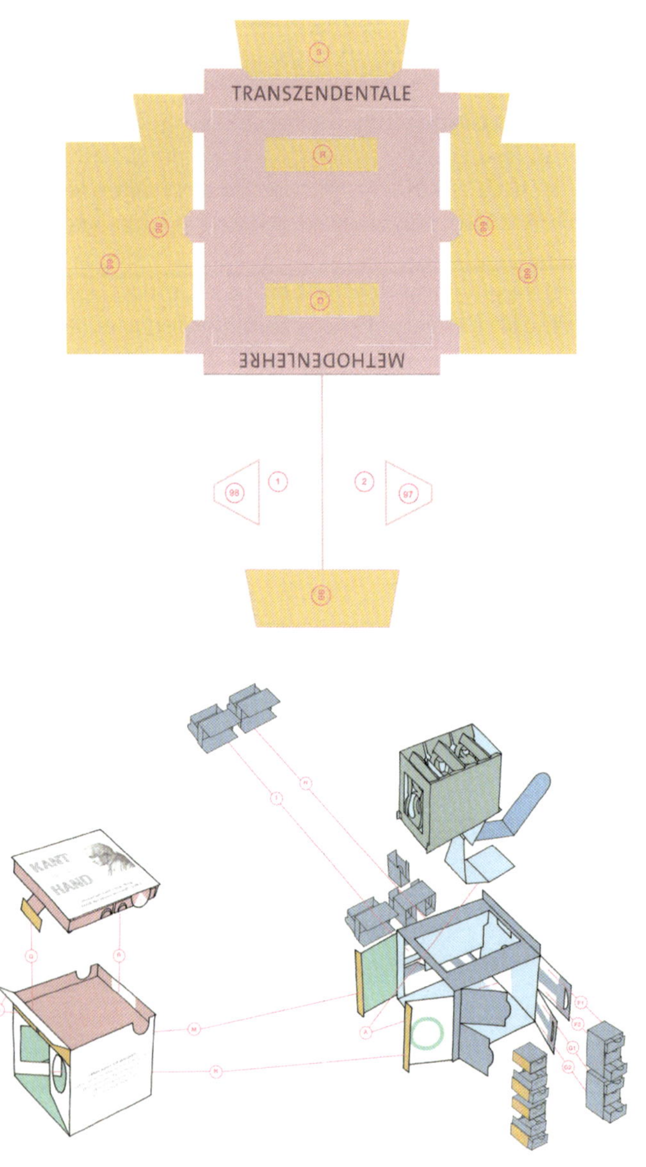

TRANSZENDENTALE
METHODENLEHRE
KANT
HAND

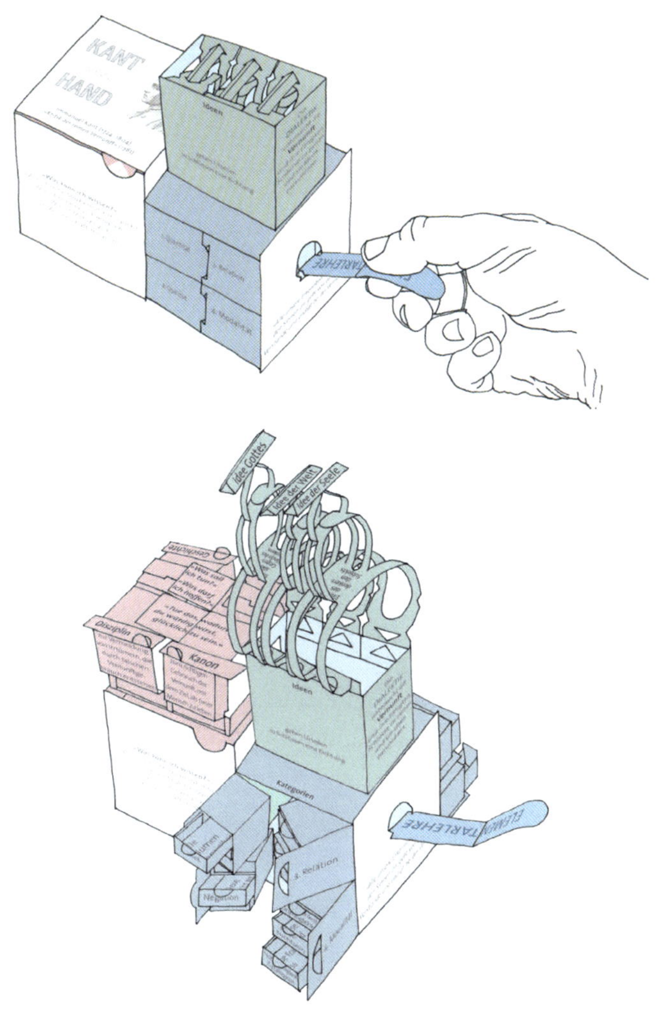

Ausschnitt aus Hanno Depners Bauanleitung für das Modell der
Kritik der reinen Vernunft von Immanuel Kant

Excerpt from Hanno Depner's instructions for the model of
Critique of Pure Reason by Immanuel Kant

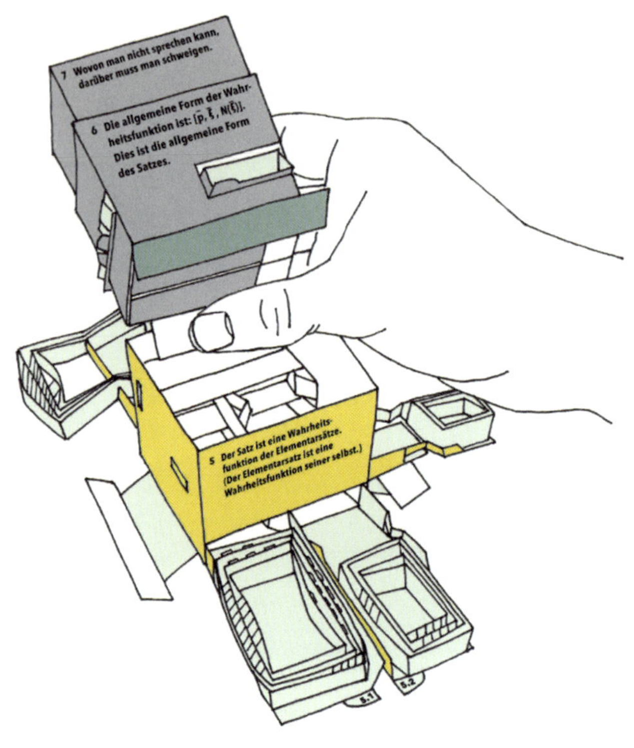

Ausschnitt aus Hanno Depners Bauanleitung für das Modell des *Tractatus* von Ludwig Wittgenstein

Excerpt from Hanno Depner's instructions for the model of *Tractatus* by Ludwig Wittgenstein

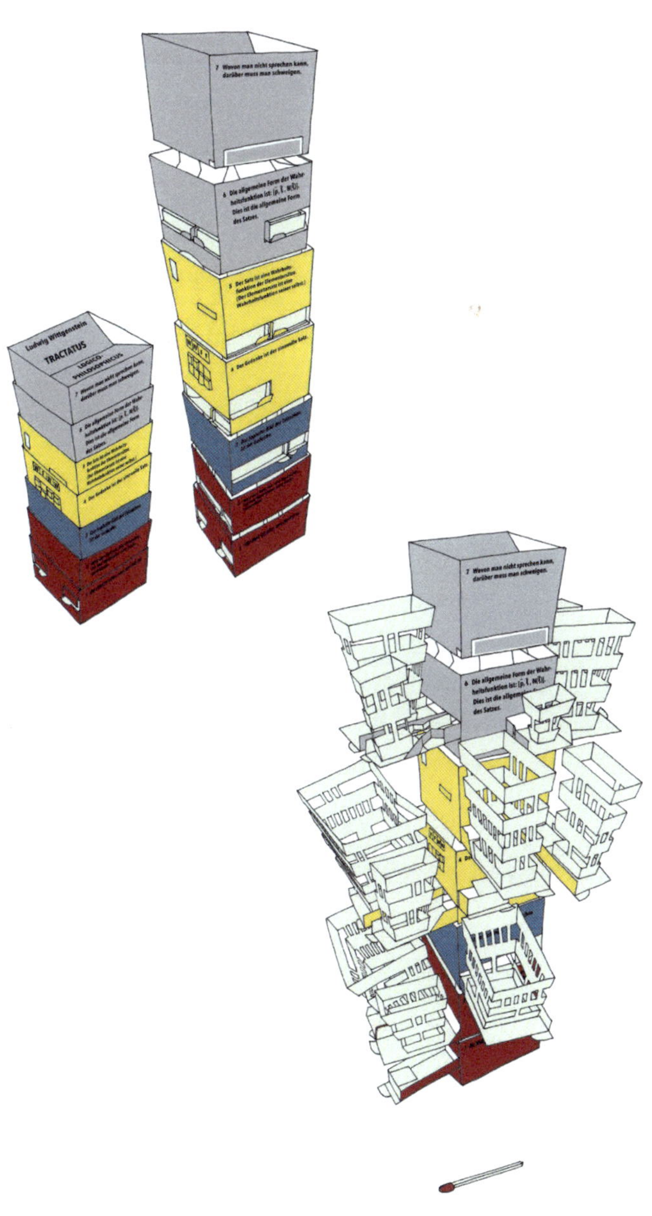
Ludwig Wittgenstein
TRACTATUS
LOGICO-PHILOSOPHICUS
7 Wovon man nicht sprechen kann, darüber muss man schweigen.
6 Die allgemeine Form der Wahrheitsfunktion ist: [p̄, ξ̄, N(ξ̄)]. Dies ist die allgemeine Form des Satzes.

Hanno Depner (*1973) works in the
Institute for Practical Philosophy
of the University of Rostock, where he
received his doctorate in the department Knowledge – Culture – Transformation. His research investigates
performative philosophy and interdisci-
plinarity. To date, he has published
two of his philosophical construction
kits, which illustrate the theories
of Immanuel Kant and Ludwig
Wittgenstein in the form of models.

Concrete Deconstruction – On the 'Writing Without Lines' of Philosophical Construction Kits

Hanno Depner

Models are good for many things. Models (especially sketches, designs, and studies) allow us to test ideas in ways that aren't overly predetermined by our expectations of a certain result. At the same time, models establish and, in doing so, highlight relationships in a concrete way that helps us to orient ourselves and take decisions in complex situations. The more precise our expectations of the outcome (and of the function that a model should fulfill), the less ambiguity we can permit ourselves in either the design or perception of this model. In line with this increasing precision, the model becomes a specialist explanatory tool – it provides analysis, which permits action, diagnosis, which allows a solution to be proposed, or prognosis, which enables not only the future to be measured, but also the quality of the model itself to be retrospectively assessed. Due to its illustratively abstract character, the model acts like an idealization and can often function as an archetype. And this clarity also lends models an extraordinary ability to communicate and document, which distinguishes them from text.[1]

1 That which I describe as a smooth transition between "vague" and "precise" models is characterized by Simone Ammon as the contrast between "generative" and "instrumental" operativity. Like she, I also emphasize the advantages of the "generative operativity" found in vague models and, in particular, the aesthetic potential that is often overseen in the discussion of models (or designs or diagrams). Cf. Sabine Ammon: "Einige Überlegungen zur generativen und instrumentellen Operativität von technischen Bildern", in: Hanno Depner (ed.), *Visuelle Philosophie*, Würzburg 2015, pp. 167–81, here, p. 174.

However, this ever more precise determination of the functions of models means that it is harder for us to understand them comprehensively. Models make something possible while they themselves remain in the shadows. They are subordinate to the end result. Shedding light on these shadows (of a not fully determinate facilitative tool) without causing them to disappear (as the model becomes a determinate specialist tool) requires a delicate balance. And yet it is worth the effort and the skill. Because such a process of illumination is a perfect example of the comprehensive understanding that sees things – and not just models – in terms of much more than apparently uncontested functionality (which categorizes them as cognitive objects even before they are recognized). In contrast, this process of illumination is permanently, excitedly searching for the overlooked, the yet-to-be-discovered, the unexpected, and the unique. It takes into account the specific context and the individual choices of action that this context demands. This process of illumination, which is particularly invited by models, can be described using not only timeworn philosophical concepts – enlightenment, criticism, education – but also a newer one from the media age – deconstruction.

Coined by Jacques Derrida, the term deconstruction describes an approach to texts (and, in turn, to all potential concepts and percepts) that identifies their unchallenged historical and medial premises and points out their alleged intentions by detecting their alternative meanings. Hence, deconstruction describes a process that is both destructive and constructive or, in order to express this less paradoxically and focus on the subject of "models": It's about an approach in which texts become models. A text is a model, because it's

always no more than one of many ways of understanding something, and this means that it also requires interpretation. Something that was regarded as an autonomous work is now revealed to be a model. Something
that appeared to be a self-contained unit of knowledge
– a piece of information, a fact – is concretely revealed
to be: constructed (from material) and intended for use
(in a manner that requires justification).

It is clear that this approach, when it is not simply taken
up or practiced but, rather, presented, reflected upon,
or illuminated, should itself adopt a model-like form –
because it would otherwise result in nothing more than
a new work or a new piece of information. And yet,
these standard knowledge formats are currently open
to criticism, which means that new ones are essential.
In the words of Derrida: "What is thought today cannot
be written according to the line and the book."[2]

My models are philosophical construction kits. To date,
I have created two: *Kant für die Hand. Die "Kritik der
reinen Vernunft" zum Basteln und Begreifen* (2011) and
*Wittgensteins Welt. Der "Tractatus" als Turm zum
Basteln und Begreifen* (2019).[3] These translate classic
philosophical texts into three-dimensional objects
made from thin card that readers have to build themselves. The construction kits are produced in the form
of books. They contain pre-punched elements that can
be glued together by following a set of instructions.
And they are accompanied by short, factual texts that
outline the background, terminology, and argumentation of the specific work.

2 Jacques Derrida: *Of Grammatology,* transl. by Gayatri Chakravorty Spivak,
Baltimore: John Hopkins University Press 1976, p. 87.
3 These are also the sources of the accompanying illustrations.

Far from representing "free interpretations", the glued-together concrete conceptual constructions are based on quantifiable, formal textual structures such as numbering, classification, and key terms. In addition to this, the most important and incontrovertible contentual concepts of the philosophical works, including their levels of abstraction, dichotomies, and lines of argument, are realized using such aesthetic tools as chromatic differentiation, proportions, and spatial organization. In this sense, my construction kits can be used as infographics. Or compared with popular didactic primers, whose goal is to reduce complexity and communicate prescribed content.

However, the unusual format of the philosophical construction kit uses many more of the possibilities offered by graphic design than conventional infographics.[4] Given that a standard approach to the crossover between the classic philosophical work and the construction kit has yet to emerge, aspects of the design raise an unusual number of questions – both for me as the designer and for the recipients of the design. The outlines, forms, colors, and all the concrete characteristics of the material inevitably establish a relationship with the specific philosophical text, but this is a relationship that, in most cases, is and remains unexplained. Questions arise that neither explicitly lead to nor emerge from yet could unexpectedly shed light upon the text, despite the fact or even because they aren't directly raised by it. But potential answers also appear: I sometimes take the opportunity to offer a comment about Kant or Wittgenstein, albeit a comment that remains

---

4 I discuss the aesthetically expanded syntax of diagrams more fully in my text "Mit Diagrammen philosophieren?", in: Angewandte Philosophie, 1 (2017), pp. 112–36.

unspoken. Recipients of the kits might understand my references, but they also discover their own analogies, which can be surprising or more or less convincing. The concrete forms of these completed conceptual constructions often generate more or less wild associations. The unfolded Kant Cube has been likened, in both reviews and events, to a spaceship, a precision instrument, a thinking machine, and even a cow or its udders.[5] In my opinion, the most apposite (and, on my part, quite unintended) interpretation came from the performer and professor Valerie Granzer, who saw the Kant Cube as a cathedral of recognition that depends upon the sensually protruding tongue in order to move and to unfold.[6]

The design of the Tractatus Tower in the three primary colors triggered the question of whether black and white wouldn't have been a more appropriate choice, given the *Tractatus* emphasis of binarity. One potential interpretation (that was decisive during the actual design process) was that these colors offered a foretaste of the pluralistic, non-binary linguistic conception of Wittgenstein's late work, with which the author overcame the "serious misconceptions" of his earlier oeuvre.[7] Alongside this, there is a wealth of further possible interpretations – including Lambert Wiesing's comparison of the early Wittgenstein with Mondrian[8], which also generates a reference to the quadratic form

5 In the program Kulturpalast (ZDFkultur, 8.9.2011) with Pegah Ferydoni, the foldable towers in the Kant Cube inspired the studio guest to imitate milking actions (without making any reference to Kant).

6 On the occasion of a presentation of *Kant für die Hand* at the Soundcheck-Philosophie Festival in Halle on 16.6.2011.

7 Cf. Ludwig Wittgenstein: *Tractatus logico-philosophicus,* vol. 1, Frankfurt am Main 1984, p. 232.

8 Cf. Lambert Wiesing: *Stil und Wahrheit. Kurt Schwitters und Ludwig Wittgenstein über ästhetische Lebensformen,* Munich 1991.

of the areas of color. Aesthetically inspired trains of thought such as those that are briefly described here are not without their rationale but also make no effort to restrict their reasoning, which means that they're always capable of springing a surprise.

In addition to the irritation that can be triggered by the complexity of the building process, I often also experience direct practical reactions, as exemplified by the pupils who create their own forms during a teaching session.[9] And I'm particularly aware of the raucous laughter generated by the construction kits. I interpret this as a consequence of the huge discrepancy between the exacting demands of abstract ideas and the transcription of these ideas using materials with which children play. But I also believe that this laughter expresses a change of perspective that facilitates new ways of acting and, thus, highlights the non-conceptual understanding of a practical observation – or a change of attitude – that is hard to put into words.

Such sensations result from a strategy of deconstruction, which illustrates the phenomenon that Derrida described as the spacing and temporalizing of différance.[10] This operation examines a text in terms of the concrete materiality of its symbolic structure and highlights the physicality that eludes its apparently exclusively intellectual meaning. The insight that results from this spacing and temporalizing is particularly useful at a time in which information is becoming increasingly non-physical and non-situational, as exemplified

9 In this paragraph in particular I refer to experiences that I described in detail in my text "Erkenntnisspuren ohne didaktisches Geländer". In: *Zeitschrift für Didaktik der Philosophie und Ethik,* 2 (2019), pp. 38–47, here pp. 39f. and 47.
10 Jacques Derrida: "Die différance", in: Peter Engelmann (ed.), *Postmoderne und Dekonstruktion,* Stuttgart 1990, pp. 83ff.

by the current process of digitalized globalization. While it's increasingly easy to generate and disseminate information, it's also easy to oversee that even this information can only be produced, used, and shared in particular circumstances and using concrete materials. As a result, we can forget that the value of this information is not absolute but relative and that this value arises from the fact that, by reducing the length of complex intellectual processes, it also reduces our workload and is pragmatically useful. And this information also hides the fact that it must form part of a responsible structure if it's not going to lose this value.

The process of digitalized globalization is strongly eroding these responsible structures. The digital erosion of responsibility is being caused by information that is not spaced or temporalized, as exemplified by the deconstruction of the philosophical construction kit but, rather, has been disembodied by digital communication. Information that is designed to conceal its origins and means of dissemination may well make the reader's life easier but it also encourages them to be irresponsible. This relationship is investigated by, for example, the media scholar Bernhard Pörksen: While information currently enjoys a position of dominant ubiquity, a state of "non-situational visibility, permanent placeless presence, and irrefutable evidence"[11], levels of engagement are falling because this information is permanently available in virtually every, and contradictory, form.[12] The contexts in which it is produced increasingly feel

11 Bernhard Pörksen: *Die große Gereiztheit,* Munich 2021, p. 16, transl. by Rupert Hebblethwaite. The analysis of the next two paragraphs follows my text "Das Papier als Ort des Denkens", which will soon appear in *Zeitschrift für Didaktik der Philosophie und Ethik.*
12 Pörksen speaks of the "doctrine of homogeneity of the presentation of information", see note 11, Pörksen 2021, p. 41.

orchestrated[13] and the contexts in which it is consumed are multiplying and colliding in an uncontrolled global "clash of codes"[14]. Unaware that they are overloaded, armed with previously unimaginable opportunities for sharing information, and used to things being made easy, recipients become authors themselves – albeit with little skill and sense of responsibility.[15] The post-fact age has begun or, more precisely: The fear thereof is increasing, and with good reason: "The idea of absolute certainty or even just the idea of some sort of stable consensus regarding reality is openly collapsing and crumbling away, visible to all and with inescapable clarity."[16] A sense of insecurity regarding the veracity of facts is proliferating and leading to an increased desire for orientation. The need for engagement and responsibility as anchors of individual and social orientation is becoming increasingly urgent. But given the current media landscape it isn't helpful to put our faith in more information-driven engagement, because more of the same only intensifies the problem, as we can clearly see today: There is constant demand for more expert opinions (better information), but it's then routine to call these opinions into question. More and more books are being printed but these are being read less and less. Cabinets of experts alternate with populist governments. The result is an intensifying spiral of irritation.[17]

13 See note 11, Pörksen 2021, p. 31f.
14 "Millions of people across the world (…) address the same content – just, unavoidably, from their own perspective and against the background of their particular culture and ideology. (…) The result is (…) a continuing clash of codes, an immediate confrontation and ad-hoc-comparability of widely differing forms of perception." Loc. cit., p. 16, transl. by Rupert Hebblethwaite.
15 In Pörksen's terminology: The weakening of the editorial "gatekeeper" (loc. cit., p. 68) means that the reader becomes an author, who is, however, no longer a "gatekeeper".
16 Loc. cit., p. 49, transl. by Rupert Hebblethwaite.
17 Cf. Pörksen's title.

Amongst other things, deconstruction sees itself as an ethical approach to the realities of the information age. Derrida even equates deconstruction with justice, because its awareness of the differences with the other and all their otherness makes it more relevant and its recognition of texts, concepts, and percepts is, in this sense, "better" – not necessarily more precise, but more comprehensive and appropriate: "deconstruction is justice."[18]

My construction kits follow a different strategy to Derrida's writings, one that is more often encountered in the arts. While poststructuralist strategies, such as deconstruction, are abused in the shape of post-fact realities (by the right) and identity politics (by the left), the construction kits present structures of responsibility in a particularly obvious manner: in the form of concrete materialization. Unlike Derrida's readers, the recipients of the construction kits are required to take their reading into their own hands. They must demonstrate conspicuous responsible comprehension: The material forces them to use their sense of touch, slowly, carefully, actively. Whether the process of building, tongue by tongue, comes to a successful conclusion is solely down to their sense of responsibility – not to some arbitrary factor – because the completed objects provide visible, controllable results. And, finally, the fragility of the conceptual constructions demands that they work responsibly with the paper objects and their folding and sliding mechanisms. The information that is presented, process-like, by these objects is striving to escape the protection of the book cover, which has traditionally housed knowledge for centuries, and to show

18 Jacques Derrida: *Gesetzeskraft. Der "mystische Grund der Autorität",* Frankfurt am Main 1991, p. 30.

that books are not just storage media but also paper artefacts. This fulfills one of the provisions of deconstruction: "It is less a question of confiding new writings to the envelope of a book than of finally reading what wrote itself between the lines in the volumes. That is why, beginning to write without the line, one also begins to reread past writing according to a different organization of space."[19]

The 'writing without lines' of my philosophical construction kits doesn't pursue this strategy of spacing and temporalizing information that is adopted by those deconstructivist texts that have now become works in their own right. The design and materialization of the philosophical construction kits enables them to create structures of responsibility that, upon being assembled, experience their very own concretization, which differentiates them from the simple reading of a text. Considered in the sense of enlightenment and deconstruction, they are a reaction to an urgent, very up-to-date problem. For alongside discursive analysis there is also a need for alternative media formats, whose approach and contrasting qualities enable a deeper, better understanding of today's dominant media structures to emerge. It is in this way that the 'writing without lines' of the construction kits is taking up the challenge of digitalized globalization.

19 See note 2, Derrida 1976, p 94.

Warren Neidich (*1958) lebt und arbeitet in Los Angeles und Berlin. In seinen interdisziplinären Auseinandersetzungen, die er auch „(Aktivistische) Neuroästhetik" nennt, werden aktuelle Fragestellungen rund um die Grenzen, Verbindungen und Übergänge von Kunst, sozialer Gerechtigkeit und Wissenschaft, im Speziellen der Neurowissenschaft, reflektiert. Warren Neidich nähert sich diesen Themenfeldern sowohl künstlerisch als auch theoretisch. Die Werke Neidichs waren unter anderem auf der Biennale von Venedig zu sehen.

Gedankenmodelle in unserer Zeit der Bewusstseinsindustrie

Warren Neidich

Schließen Sie die Augen und stellen Sie sich vor, Sie wären an einem regnerischen Abend auf dem Weg zu einem Freund in einem anderen Teil der Stadt. – Es ist nass und kalt und Ihre Schritte hallen in der feuchten Luft vom Aufprall der Mauern und Pflaster wieder. Es plingt. Sie holen Ihr iPhone heraus und sehen, dass es eine Nachricht von Ihrem Freund ist, der fragt, wo Sie gerade sind. Sie schreiben zurück, dass Sie auf dem Weg sind, aktualisieren Ihren Bildschirm, drücken auf die Google-Map-App und tippen die Adresse Ihres Freundes ein. Eine neue Karte erscheint und Sie fragen nach dem Weg. Eine Route wird Ihnen in Rot angezeigt. Ihre voraussichtliche Ankunftszeit beträgt 20.45 Uhr. Sie gehen weiter und sehen am Straßenrand eine seltsame Ansammlung von Objekten, die Sie an eine Ihrer Skulpturen erinnert. Sie bleiben stehen und machen ein Foto. Die Bearbeitungstools erscheinen und Sie wählen eine passende Atmosphäre. Sie be-schließen, das Bild auf Instagram hochzuladen und es mit anderen Adressen und Webseiten zu verlinken. Sie gehen weiter und behalten die Karte im Blick, um sicher zu sein, dass Sie auf dem richtigen Weg sind. Dann kontrollieren Sie, wie viele Likes Sie auf Insta-gram erhalten haben und werden gefragt, ob Sie Ihr Publikum vergrößern möchten. Unterwegs beschließen Sie, dass es eine gute Idee wäre, eine Flasche Wein zu besorgen und verschwinden in einem Weinladen. Dort greifen Sie nach einem geeigneten Beaujolais und wollen den Preis wissen. Sie richten Ihr iPhone auf den QR-Code auf dem Regal neben der Flasche und stellen fest, dass der Preis 12,99 Euro beträgt. Sie gehen zur Kasse, bezahlen mit Apple Pay, verlassen den Laden und setzen Ihren Weg fort. Öffnen Sie jetzt Ihre Augen.

Was ich mit dieser Geschichte beschreiben wollte, ist, dass das geistige Auge, der Ort im Kopf, an dem man sich mental etwas vorstellt, schon von den Technologien der New Economy, von denen wir in unserem Alltag abhängig geworden sind, bewohnt wird. Sie sind bereits wesentlicher Bestandteil der mentalen Modelle geworden, die wir erschaffen, und beeinflussen als solche unsere kreativen Fähigkeiten. Wie hätte man sich dieselbe Geschichte im 19. Jahrhundert ins Bewusstsein gerufen? Oder gar in den 1950er-Jahren?

Dieser Essay gliedert sich in fünf Abschnitte. 1. Von der Psychomacht zur Neuromacht, 2. Das Gehirn als intrakranial-extrakranial gelegener Komplex, 3. Die Emanzipation des geistigen Auges, 4. Der Übergang vom frühen zum späten Stadium des kognitiven Kapitalismus, 5. Das operative Bild und die Produktion der operativen Vorstellungskraft.

1. Von der Psychomacht zur Neuromacht

Im kognitiven Kapitalismus sind wir nicht mehr nur Proletarier, die an Fließbändern arbeiten, um Gegenstände wie Autos und Teekannen herzustellen, sondern Kognitarier oder geistige Arbeiter, die an Bildschirmen arbeiten, um Big Data zu produzieren, die an Kontroll- und Regierungsinstanzen und deren Kooperationspartner verkauft werden. Das hat einerseits zu dem geführt, was Shoshona Zuboff „Big Other" genannt hat: der

„grundlegende Bestandteil einer zutiefst bewussten und höchst folgenreichen neuen Akkumulationslogik" namens „Überwachungskapitalismus"[1]. Big Data bezieht sich auf die „Abwanderung des Alltäglichen als einer Kommerzialisierungsstrategie" und ist für Zuboffs Interpretation des Big Other wesentlich. Weiter führt Zuboff aus, dass „falsches Bewusstsein nicht mehr durch die versteckten Tatsachen der Klasse und ihrer Beziehung zur Produktion erzeugt wird, sondern vielmehr durch die versteckten Tatsachen der verwertbaren Verhaltensmodifikation"[2]. Das hat einen Autor wie Byung-Chul Han dazu gebracht zu verstehen, dass in unserer Zeit die Biomacht, also Foucaults Verfügungsgewalt über das Leben als eine Form der granularen Verwaltung des Lebens, in eine Psychomacht oder Psychopolitik übergegangen ist, in der die Geistesarbeiter oder Kognitarier gerne ihre Freiheiten ohne unmittelbaren Zwang aufgeben, um unaufhörlich und in Überstunden zu arbeiten, um mit digitalen Plattformen zu interagieren.[3] Aber wir stehen jetzt an der Schwelle eines anderen Übergangs, der fast oder vielleicht genauso wichtig ist wie der, der die manufakturellen Ökonomien in Wissens- und Informationsökonomien verwandelte.

Er wird als Neuroökonomie bezeichnet, in der das materielle Gehirn, seine Neuroplastizität und das geistige Auge direkt und indirekt in den Fokus der kapitalistischen Kommodifizierung geraten sind.[4] Direkt durch

---

1 Shoshana Zuboff: „Big Other: Surveillance Capitalism and the Prospects of an Information Civilization", in: *Journal of Information Technology*, 30 (2015), S. 75–89, hier S. 75f. Übersetzung Katharina Gewehr.
2 Ebd.
3 Byung-Chul Han: *Psychopolitics: Neoliberalism and New Technologies of Power*, transl. by Eric Butler, London: Verso Books 2017.
4 Warren Neidich: *Introduction: An Activist Neuroaesthetics Reader*, Berlin 2022.

Technologien wie Gehirn-Computer-Schnittstellen, Nootropika und kortikale Implantate und indirekt durch Big Data, Neuroökonomie und neuronalen Konsumismus. In dieser Neuroökonomie hat sich die Psychomacht weiter zu einer Neuromacht entwickelt, in der das materielle Gehirn die Arbeit verrichtet.

Wie ich zeigen werde, haben sich Psychomacht und Neuromacht in letzter Zeit vor allem bei der Produktion interner Modelle als mentale Bilder verschränkt. Diese Orte mentaler Imagination stehen im kommenden Zeitalter des Neurokapitalismus im Fokus der Macht, wie ich vorschlagen möchte. Phänomene wie der Google-Effekt, bei dem sich Agenten darauf verlassen, dass Google sich für sie an Dinge erinnert, Google-Filterblasen oder Echokammern, bei denen Software-Agenten die Vielfalt der bei der Google-Suche erhaltenen Informationen einschränken und die Aufmerksamkeitsökonomie, die selektiv bestimmte Merkmale des externen und internen Sensoriums hervorhebt, die für das Gedächtnis wichtig sind, und zwar sowohl bewusst als auch unbewusst, sind Beispiele für die Prozesse, die bei diesen neuen Formen der Zuständigkeit im Spiel sind.[5]

2. Das Gehirn als intrakranial-extrakranial gelegener Komplex

Ich verwende das Wort „Gehirn" etwas anders als im allgemeinen Sprachgebrauch. Das Gehirn ist nicht einfach ein herausgebildetes, kristallisiertes, unveränderliches System von Beziehungen, das sich im Inneren des Schädels befindet, wie viele positivistische, kogniti-

5   Wie Anm. 3, Byung-Chul Han 2017.

ve Neurowissenschaftler meinen.[6] Vielmehr ist es ein intrakranial-extrakranial gelegener Komplex, der durch eine schleifenförmige rhizomatische Struktur im Prozess des Werdens gekennzeichnet ist. Das Gehirn hat eine intrakranielle Komponente, die aus Neuronenpopulationen, Gliazellen und ihrer komplexen synaptischen Anordnung besteht.

Seine Kapazitäten sind jedoch auch ökologisch und verteilt situiert, verkörpert, in Kraft gesetzt und erweitert. Die Augen eines beweglichen Performers / Schauspielers und ihre physiologischen Fähigkeiten sind beispielsweise auf bestimmte Lichtwellenlängen abgestimmt und da die Achse jedes Auges im Vergleich zum anderen um vier Grad versetzt ist, erfahren sie eine Tiefenwahrnehmung, die für die Nahsicht wichtig ist. Darüber hinaus wird dieses intrakranielle und situierte Gehirn rhizomatisch mit seinem extrakraniellen Gegenstück verwoben, das sich aus dem soziokulturell-technologischen Milieu bildet. Rhizomatisch bezieht sich auf den Zustand, in dem alles miteinander verbunden und nicht hierarchisch angeordnet ist, im Gegensatz zu einer Baumstruktur, in der alles hierarchisch nach einem regelmäßigen, autonomen und präzisen Verzweigungsmuster angeordnet ist.

Gemeinsam überbrücken diese biologisch und kulturell vernetzten Systeme einerseits eine prädisponierte und empirisch modellierte Reihe von intrakraniellen dynamischen neuronalen Elementen, wie den visuellen Kortex und seine Verbindungen zu den Scheitel- und Schläfenlappen und über den Vagusnerv zum Darm. Andererseits verbinden sie enorme und entgrenzte Visualisie-

6 Warren Neidich: „Simulated Memory and the Wired Brain: The Emerging Superordinate Precariat", in: *An Activist Neuroaesthetics Reader,* Berlin 2022.

rungstechnologien, die den Himmel und die mikrobielle Welt ebenso in den Blick nehmen wie die Tiefengeschichte der Erde, aus der sich das tierische, pflanzliche und menschliche Bewusstsein mitentwickelt hat.

3. Die Emanzipation des geistigen Auges

Inmitten dieser komplexen Anordnung schwebt wie ein flüchtiger Nebel das geistige Auge: jener multimodale Puffer, in dem früher wahrgenommene und erinnerte Repräsentationsobjekte aus dem Speicher hervorgeholt werden. Nach Stephen Kosslyn ist das der Fall, „wenn eine Repräsentation des Typs, der während der anfänglichen Wahrnehmungsphasen geschaffen wurde, vorhanden ist, aber der Stimulus nicht wirklich wahrgenommen wird"[7]. Außerdem entsprechen diese Bilder den Repräsentationen im Kurzzeitgedächtnis, die zum bildhaften Seherlebnis mit dem geistigen Auge führen.

Bei der Beobachtung mentaler Bilder werden viele der gleichen funktionellen Strategien wie bei der Wahrnehmung eingesetzt und sie teilen gemeinsame zugrunde liegende Repräsentationen. Die Literatur über mentale Bilder und Hirnschäden hat die Eindeutigkeit dieser Beziehung verschleiert, weil Hirnschäden in visuellen Bereichen zwar eine gestörte Objekterkennung, nicht aber eine gestörte visuelle mentale Bilderzeugung verursachen können.[8] Es hat den Anschein, dass für die Wahrnehmung Bottom-up-Prozesse, die von den Okzipital- und Temporallappen des Gehirns ausgehen, erforderlich sind, während die mentale Vorstellungs-

---

7 Gregoire Borst, Stephen M. Kosslyn: „Visual Mental Imagery and Visual Perception: Structural Equivalence Revealed by Scanning Processes", in: *Memory & Cognition*, 36 (4) (2008), S. 849-862. Übersetzung Katharina Gewehr.
8 Ebd.

kraft so genannte Top-down-Einflüsse voraussetzen, die von den Frontal- und Parietallappen erzeugt werden und für die Wahrnehmung nicht immer notwendig sind. Wichtig für das Verständnis des Modells, wie es sich im Puffer des geistigen Auges bildet, und seiner Kontrolle ist, nach Stephen Kosslyn, dass visuelle Wahrnehmung und Vorstellungskraft durch räumliche Beziehungsprozesse miteinander verbunden sind. Mit anderen Worten: Sie bilden sich im visuellen Raum ab, in dem sie angelegt sind. Dies scheint auf die neuronale Architektur des visuellen Kortex zurückzugehen, der topographisch organisiert ist. „Insbesondere die ersten kortikalen Areale, die visuellen Input verarbeiten, sind topographisch organisiert: Die räumliche Anordnung der Oberflächen von Objekten wird durch die räumliche Anordnung der Aktivierungsmuster im Kortex repräsentiert."[9]

Auch wenn die natürlichen Beschränkungen bewahrend und schwer zu ändern sind, gilt dies nicht für die Verbindungen, die durch Erfahrung und vor allem Kultur in das Netzwerk eingebaut werden. Gerald Edelmans Konzepte des primären und sekundären Repertoires sind hier vor dem Hintergrund seiner Theorie des neuronalen Darwinismus von Bedeutung.[10]

Es geht aber nicht nur darum, räumliche Eigenschaften oder eine Anordnung abzuscannen und vor dem geistigen Auge neu zu imaginieren. In Zenon W. Pylyshyns einschlägigem Artikel *Mental Imagery: In Search of a Theory* werden viele weitere Merkmale des geistigen Auges dargestellt, die für das Modell wichtig sind, da

9 Stephen M. Kosslyn, Nathaniel Alpert, William L. Thompson et al.: „Visual Mental Imagery Activates Topographically Organized Visual Cortex", in: *PET Investigations. Journal of Cognitive Neuroscience,* 5 (3) (1993), S. 263–287.
10 Gerald M. Edelman: *Neural Darwinism: The Theory of Neuronal Group Selection,* New York: Basic Books 1987.

sie an ihm konstruiert und überprüft werden.[11] Die Größe mentaler Bilder, das mentale Papierfalten, die mentale Rotation, die Interaktion mit realen und imaginären Räumen und visuelle motorische Interaktionen sind einige Merkmale, die bei der mentalen Modellierung im geistigen Auge ins Spiel kommen. Von Bedeutung ist auch die Verbesserung der Metakognition durch Training an einem mentalen Bild, um die Leistung bei einer Wahrnehmungsaufgabe zu steigern. Können diese Beziehungen zwischen Wahrnehmung und bildhaften Vorstellungen die Verteilungseffekte des Sinnlichen übertragen, wie Jacques Ranciere es in *The Politics of Aesthetics* feststellt?[12]

Darin beschreibt er die „Verteilung des Sinnlichen oder le partage du sensible" als „implizites Gesetz der sinnlichen Ordnung, das Orte und Formen der Teilhabe an einer gemeinsamen Welt aufteilt, indem es zunächst die Wahrnehmungsmodi festlegt, mit denen diese eingeschrieben sind. Diese Aussage impliziert, dass die Souveränität ein System von Wahrnehmungstatsachen hervorbringt, die reguliert werden und ihrerseits die Wahrnehmungskörper ihrer Konstituenten regulieren".[13]

Was ist dann mit dem geistigen Auge und den mentalen Bildern, die wir in der Arbeit von Kosslyn gesehen haben? Was bedeutet das für die Wahrnehmungsbezie-hungen, die für die Interaktion mit der virtuellen Welt des World Wide Web anstelle der so genannten „realen" Welt wichtig sind? Finden diese Empfindungen und

11 Zenon W. Pylyshyn: „Mental Imagery. In Search of a Theory", in: *Behavioral and Brain Sciences,* 25 (2) (2002), S. 157–182.
12 Jacques Ranciere: *The Politics of Aesthetics: The Distribution of the Sensible,* New York / London: Continuum 2004. Übersetzung Katharina Gewehr.
13 Ebd.

Wahrnehmungen vor dem geistigen Auge statt und haben sie Auswirkungen auf den Inhalt der dort erstellten Modelle? Sind die Erinnerungen, die in die Vorstellung des geistigen Auges eingetragen werden und ins Blickfeld rücken, das Ergebnis einer Aufmerksamkeitsökonomie, in der bestimmte Reize die Aufmerksamkeit effektiver auf sich ziehen und dann Erinnerungen auslösen und die neurosynaptische Logik der funktionalen Netzwerke formen, die im Denken selbst im Spiel sind? Ist es andererseits möglich, dass Kunst, Architektur, Poesie, Kino, Tanz, Performance und Musik das sinnlich Wahrnehmbare deterritorialisieren und umverteilen und damit gleichzeitig auch die Inhalte des geistigen Auges? Die wahre Macht der Kunst liegt in der Erschaffung neuer Formen des Bewusstseins. Lassen Sie uns diese Sache näher untersuchen.

Das persönliche Wissen über die reale Welt, das durch physikalische Kräfte wie Gravitationsmomente, Magnetismus, Spannung, Druck und Alterung eingeschränkt ist und mit dem man sich in der Architektur auseinandersetzen muss, wenn das reale Gebäude nicht einstürzen soll, wird vor dem geistigen Auge aufgehoben, wo es keine derartigen Beschränkungen gibt, die über die Grenzen der eigenen individuellen kreativen Kapazität hinausgehen. Gebäude können fliegen, sie können sich von flüssig in fest verwandeln und durch einfaches Umblättern der imaginären Seiten vor dem geistigen Auge gravierende Veränderungen erfahren, indem sie eine andere Farbe annehmen und aus einem anderen Material hergestellt sind. Euklidische Geometrien können durch die Gaußsche Topologie ersetzt werden. Vor dem geistigen Auge wird das architektonische Modell jedes Mal, wenn das Bild erscheint, aufgefrischt und erneuert. Wenn der Zeichner jedoch zugleich den

Alterungsprozess eines Gebäudes und seine Materialien kennt, kann er es in jeder Zeitskala von der Zeitlupe bis zum Zeitraffer altern und zerbröckeln lassen. Dieser emanzipatorische Apparat des geistigen Auges ist für die Kreativität und die Visualisierung von Szenarien unentbehrlich.

„Aber vielleicht noch bemerkenswerter ist unsere Fähigkeit, durch unsere Vorstellungskraft Objekte oder Ereignisse zu erleben, die es in der Welt nicht gibt. Dies ist vielleicht eine der grundlegenden Fähigkeiten, die es uns ermöglichen, erfolgreich zu planen, Generalproben zukünftiger Ereignisse durchzuführen, die Vergangenheit neu zu analysieren und sogar Ereignisse zu simulieren oder zu fantasieren, die vielleicht nie eintreten. Kurz gesagt, man könnte behaupten, dass diese Fähigkeit einer der Hauptfaktoren ist, die es uns als Spezies ermöglicht haben, unseren Planeten so tiefgreifend zu dominieren."[14] Diese Aussage beinhaltet, dass der Widerstand gegen die herrschenden Regime der geistigen Vereinnahmung eine natürliche selektive Eigenschaft der menschlichen Spezies ist, die für das Überleben und die Vormachtstellung wichtig ist.

4. Frühes und spätes Stadium des kognitiven Kapitalismus

Im kognitiven Kapitalismus sind das materielle Gehirn und das Gedächtnis die neuen Fabriken des 21. Jahrhunderts. Der kognitive Kapitalismus wird in eine frühe und späte Phase unterschieden. Seine frühe Phase beginnt laut Yann Moulier Boutang um 1975 und markiert den Moment, in dem das industrielle Kapital dem

14 Joel Pearson, Stepehn M. Kosslyn: „Mental Imagery", in: *Frontiers in Psychology*, 23. April 2013. Übersetzung Katharina Gewehr.

Informations- und semiotischen Kapitalismus weicht.[15] Darüber hinaus ist die Frühphase durch neue Formen des Prekaritäts gekennzeichnet, bei denen der eigene Arbeitsplatz und damit auch die eigenen Leistungen stets auf dem Spiel stehen. Arbeit findet immer weniger in einem gemeinschaftlichen Raum statt und immer mehr in einem privaten, von dem aus menschliche Interaktionen aus der Ferne durchgeführt werden. Dadurch nimmt unsere Bildschirmzeit stark zu. Prekarität wird als mnemotechnischer Bruch im Bildgedächtnis des Kognitariats beschrieben. Diese mnemotechnische Behinderung betrifft die Fähigkeit, den Unterschied zwischen realen Erinnerungen zu erkennen, die sich in direktem Kontakt mit dem natürlichen Bild herstellen, so verzerrt wie es sich heute im Anthropozän auch darbietet, und solchen Erinnerungen, die das Ergebnis einer Beschäftigung mit Medien wie dem Kino und virtuellen Plattformen sind, um prothetische Erinnerungen zu schaffen.[16]

Die Vermischung von realen Langzeit- und Kurzzeiterinnerungen mit prothetischen Erinnerungen führt zu einer Kontaminierung in der Produktion von Szenarien-Visualisierungen, dem Prozess, durch den wir vor unserem geistigen Auge und Ich Geschichten für zukünftige Handlungen entwerfen. Der 8-Stunden-Arbeitstag wird zu einem 24-Stunden-Arbeitstag ausgeweitet, der niemals aufhört; was eine reale Subsumierung bezeichnet, bei der das Leben selbst zur Arbeit wird. Die Wertökonomie wird in eine Aufwertungsökonomie umgewandelt, in der Gewinne durch Öffentlichkeitsarbeit, Gerüchte und Werbung vor dem geistigen Auge/Ich des kaufsüchtigen Verbrauchers

15 Yann Moulier Boutang: *Cognitiv Capitalism,* Cambridge: Polity Press 2011.
16 Wie Anm. 5, Neidich 2022.

erzielt werden. Historische Filmaufnahmen von wütenden Verbrauchern, die am Schwarzen Freitag versuchen in die Geschäfte zu gelangen, sind ein gutes
Beispiel dafür. Schließlich wird Arbeit performativ und
als immateriell bezeichnet, weil sie keine aktuellen
Spuren materieller Objekte hinterlässt. Wir werden
sehen, dass im Übergang zum späten kognitiven
Kapitalismus immaterielle Arbeit sehr wohl Spuren
hinterlässt und zwar in Form von Veränderungen, die
an den neuronalen synaptischen Knoten in der postsynaptischen Membran in Form von Kurz- und Langzeiterinnerungen auftreten.

Der kognitive Spätkapitalismus wird auch als kognitive
oder neuronale Wende bezeichnet und setzt Anfang
des 21. Jahrhunderts ein.[17] Die Arbeit selbst ist überwiegend geistiger Natur und findet im Gehirn statt. Da die
vorherrschenden Arbeitsformen intellektuell und
dienstleistungsorientiert sind, gewinnt die Gehirnmaschinerie als Quelle geistigen Mehrwerts an Bedeutung
und steht damit im Fokus des kapitalistischen Abenteurertums und der Spekulation in der New Economy.
Daher haben sich verschiedene interdisziplinäre
Ansätze wie die kognitiven Neurowissenschaften, die
Verhaltensökonomie und die Epigenetik damit beschäftigt, die Logik des Gehirns zu verstehen, um den
geistigen Mehrwert des kognitiven Arbeiters zu erhöhen. Dies geschieht durch einen Prozess der kognitiven
Ergonomie, durch den die Maschinerie der Gehirnverbindungen nahtlos mit jenen Verbindungen verschränkt
und gespiegelt wird, die die Plattformen im World Wide
Web, in Computerspielen und in der virtuellen Realität
sowie die Verbindungen von neuronalen Netzen im

17 Warren Neidich: *The Glossary of Cognitive Activism*, Berlin ³2017.

Deep Learning schaffen.[18] Neuromacht ist der Schlüssel zum Verständnis des kognitiven Kapitalismus in der Spätphase. Sie stellt den neuen Schwerpunkt der Biomacht dar, die sich von Körperpopulationen auf Gehirnpopulationen verlagert, um Unterschiede zu normalisieren und eine homogene Bevölkerung zu formen, indem sie auf die kollektive Neuroplastizität einwirkt. Neuromacht besteht aus drei Schlüsselideen, die alle auf die Beherrschung oder Gouvernementalisierung von Gehirnpopulationen abzielen. Erstens wirkt Neuromacht auf das neuronale plastische Potenzial des Gehirns, in der Gegenwart sowie über Generationen hinweg. Zweitens wurden die Regeln und Vorschriften, die zur Schaffung von zwangsverpflichteten Körpern im Sinne einer „Biomacht" geführt haben und früher mit dem tayloristisch-fordistischen Paradigma in Verbindung gebracht wurden, nun modifiziert, um sich stattdessen auf die Schaffung effizient arbeitender Köpfe und Gehirne zu konzentrieren, die mit dem World Wide Web, Computerspielen und Virtual-Reality-Plattformen vernäht sind. Ich verwende den Begriff „Hebbianismus", nach dem kanadischen Neurobiologen D.O. Hebb, um diesen neuen Managementstil zu beschreiben. Hebbs mittlerweile berühmte Regel besagt, dass Neuronen sich miteinander verdrahten, wenn sie gemeinsam aktiv sind. Der Hebbianismus ist für die neuronale Architektur des geistig arbeitenden Gehirns das, was der Taylorismus für den muskulösen Körper in Aktion am Fließband ist: ein Plan für seine Regulierung und Formung zum Zweck der Steigerung seiner Effizienz am neoliberalen Arbeitsplatz. Schließlich ist die Neuromacht das Ergebnis der Neuausrichtung des Machtapparats, der sich von der Verteilung von Sinnes-

<hr>

18 Terrence J. Sejnowski: *The Deep Learning Revolution,* Cambridge, Mass.: The MIT Press 2018.

eindrücken in der natürlichen und gestalteten Welt auf jene Distributionen verschiebt, die im Arbeitsgedächtnis vorgenommen werden: Das ist jener Prozess, der mit den von den Sinnesorganen empfangenen Sinnesdaten für eine begrenzte Zeit im Langzeitgedächtnis vor dem geistigen Auge arbeitet.

5. Das operative Bild und die Produktion der operativen Vorstellungskraft

Für das Kollektiv Forensic Architecture ist ein Modell nicht die Projektion einer architektonischen Idee, sondern vielmehr die Zuspitzung von Untersuchungen zu Menschenrechts- und Umweltfragen, die auch räumliche und architektonische Dimensionen haben.[19] Operative Modelle sind ein von Forensic Architecture adaptiertes Konzept, das auf Harun Farockis Begriff der operativen Bilder zurückgeht, die im Fokus seines Films *Auge / Maschine III* stehen. Was diese operativen Bilder von den Maschinen-Bildern in den vorhergehenden Filmen *Auge / Maschine I* und *II* unterscheidet ist, dass diese visuellen Maschinen mehr tun als Dinge zu repräsentieren –, die Bilder beginnen, Dinge in der Welt zu tun. Nach Farockis Beschreibung von *Auge / Maschine III* stellen operative Bilder einen Prozess dar, an dem sie selbst beteiligt sind. Indem sie also Teil des Prozesses sind, stoßen sie seine Veränderung an: „Schon die Cruise Missiles der achtziger Jahre hatten das Bild einer realen Landschaft gespeichert und nahmen beim Überflug ein aktuelles Bild auf, die Software verglich die beiden Bilder. Ein Vergleich von Idee und Tatsächlichkeit, eine Gegenüberstellung von reinem Krieg und der

19 Cynthia Davidson: „Operative Models", in: *The Model Behavior Exhibition cataLog,* 50 (2022), S. 217–226.

Unreinheit des Realen."[20] Wichtig für die Idee des Modells ist, dass es etwas ist, das funktioniert. Wir stehen an der Schwelle des Übergangs von einer Informations- und Wissensökonomie zu einer gehirnbasierten Ökonomie, in der die neuronale Plastizität des Gehirns, das neuronale Gemeingut und das geistige Auge den neuen Schwerpunkt des kapitalistischen Abenteurertums und der Ausbeutung bilden werden.

Abschließend:

Ich habe vorgeschlagen, dass die Gouvernementalisierung des geistigen Auges oder Gedankenbildes das eigentliche politische Modell ist, das jetzt den kognitiven Kapitalismus im Spätstadium dominiert. Die aktuellen Apparate der neuronalen Digitalität wie Gehirn-Computer-Schnittstellen, Metaverse, immersive soziale Medien, Deepfakes und neue algorithmische Werkzeuge wie die künstlichen Textgeneratoren Chat GPT, Whisper und DALI werden eine Gedächtniskrise innerhalb eines mächtigen Beziehungssystems auslösen, die sich alle vorstellen können. Dieser Aufsatz sowie Kunstwerke in meinen jüngsten Ausstellungen sind Versuche, das Bewusstsein zu schärfen, um die aktuellen Gefahren, denen die Menschheit ausgesetzt ist, zu erkennen und aufzudecken.

20 Harun Farocki: *Auge / Maschine III,* unter: www.harunfarocki.de/de/installationen/2000er/2003/auge-maschine-iii.html (abgerufen am 25.03.2023).

Warren Neidich (*1958) lives and works in Los Angeles and Berlin. His interdisciplinary investigations, which he also calls "(Activist) Neuroaesthetics", reflect upon current issues related to the boundaries, connections, and transitions between art, social justice, and science and, in particular, neuroscience. Warren Neidich approaches these areas from both an artistic and a theoretical perspective. Neidich's work has been exhibited widely, including at the Venice Biennale.

Mind Models in Our Moment of the Consciousness Industry

Warren Neidich

Close your eyes and imagine that you are walking on a rainy night to a friend's house in another part of the city. It is wet and cold and your footsteps echo in the moist air ricocheting off stone walls and cobblestone. You are pinged. You take out your iPhone and see it is a text from your friend asking where you are. You text back you on your way. You refresh your screen and press the Google Map app and type in your friend's address. A new map appears, and you ask for directions. A route is laid out for you in red. Your estimated time of arrival is 8:45 pm. You continue walking and see an odd assemblage of objects along the side of the road that reminds you of one of your sculptures. You stop and take a picture. The editing tools appears, and you chose a concordant atmosphere. You decide to import it into Instagram and post the image linking it to other addresses and websites. You continue walking and continue scanning the map to make sure you are on the right route. You then check on how many likes you have received on Instagram and are asked if you would like to boost your audience. You decide on the way that it might be a good idea to pick up a bottle of wine and duck into a wine store. You enter the wine store and pick up a suitable Beaujolais and want to know the price. You point your iPhone at the QR-code displayed on the rack next to it and see that the price is 12.99. You go to the counter and pay with

Apple pay and leave the store and continue your journey. Now open your eyes.

What I have meant to describe in the story above is that your mind's eye, that place inside your head where one mentally imagines, has already become inhabited by the technologies of the new economy which we have become dependent upon in our daily lives. They have already become essential to the mental models we create. As such they influence our creative capacities. How would the same story have been recollected in the 19th century? Or even in the 1950s?

This essay will be divided into five sections. 1. From Psychopower to Neuropower, 2. The Brain as a Situated Intracranial-Extracranial Complex, 3. Emancipating the Mind's Eye, 4. Transitioning From Early to Late Stage Cognitive Capitalism, 5. The Operative Image and the Production of the Operative Imagination.

1. From Psychopower to Neuropower

In cognitive capitalism we are no longer only proletariats working on assembly lines to create objects like cars and tea pots but cognitariats or mental laborers working on screens to produce big data which is sold to policing, governmental and cooperate entities. On the one hand this has led to what Shoshona Zuboff has called the *Big Other*; the "foundational component in a deeply intentional and highly consequential new logic of accumulation" called "surveillance capitalism"[1]. Big data concerns the "migration of everydayness as a

---

[1] Shoshana Zuboff: „Big Other: Surveillance Capitalism and the Prospects of an Information Civilization", in: *Journal of Information Technology,* 30 (2015), pp. 75–89, here p. 75f.

commercialization strategy" and is essential to Zuboff's interpretation of the Big Other. Zuboff goes on to state that "false consciousness is no longer produced by the hidden facts of class and their relation to production, but rather by the hidden facts of commoditized behavior modification".[2] This has led such authors as Byung-Chul Han to understand that in our moment biopower, Foucault's power over life as a form of the granular management of life, has transitioned to psychopower or psychopolitics in which the mental laborers or cognitariats gladly give up their freedoms without direct coercion to labor incessessantly and overtime to interact with digital platforms.[3] But we are now on the doorstep of another transition almost or maybe as important as that which transformed the artisanal/manufacturing economies into knowledge and information economies. It is referred to as a neural economy in which the material brain, its neuroplasticity and the mind's eye have become the focus of capitalistic commodification directly and indirectly.[4] Directly through technologies like brain computer interfaces, nootropics and cortical implants and indirectly with big data, neuroeconomics and neural consumerism. In this neural economy, psychopower has further transitioned to neural power where the material brain is put to work. Psychopower and neuropower have lately become entangled especially, as I will show, in the production of internal models as mental imagery. It is at these sites of mental imagery that I would like to suggest are future focus of power in the coming age of neural capitalism. Phenomena like the Google effect, in which agents rely

2 Ibid.
3 Byung-Chul Han: *Psychopolitics: Neoliberalism and New Technologies of Power,* transl. by Eric Butler, London: Verso Books 2017.
4 Warren Neidich: *Introduction: An Activist Neuroaesthetics Reader,* Berlin 2022.

on Google to remember things for them, Google filter bubbles or echo chambers in which software agents restrict the diversity of information received on Google searches and the attention economy which selectively highlights certain features of the external and internal sensorium important for memory, both conscious and unconscious are examples of the processes at play in these new forms of jurisdiction.[5]

2. The Brain as a Situated Intracranial-Extracranial Complex

My use of the word "brain" differs somewhat from vernacular usages. The brain is not simply a crystallized, unchanging system of relations residing inside the skull, as many positivist cognitive neuroscientists would suggest.[6] Rather, it is an intracranial-extracranial situated complex characterized by a looping rhizomatic structure in the process of becoming. The brain has an intracranial component consisting of populations of neurons, glial cells and their complex synaptic array. However, its capacities are also situated, embodied, enacted, extended, ecological and distributed. For example, a mobile performer/actor's eyes and their attendant physiological capacities are attuned to certain wavelengths of light, and because the axis of each eye in comparison to the other is misaligned by four degrees, they experience depth perception important in close viewing.

Furthermore, this intracranial and situated brain becomes rhizomatically entangled with its extracranial

5 See note 3, Byung-Chul Han 2017.
6 Warren Neidich: "Simulated Memory and the Wired Brain: The Emerging Superordinate Precariat", in: *An Activist Neuroaesthetics Reader*, Berlin 2022.

counterpart consisting of the socio-cultural-technological milieu that forms its extracranial counterpart. Rhizomatic refers to the condition in which everything is interconnected and non-hierarchically arranged, in comparison to that of an arborescent structure, in which everything is arranged hierarchically according to a regular, autonomous and precise branching pattern. Together these networked systems, biological and cultural, bridge, on the one hand, a predisposed and experientially sculpted array of intracranial, vibrant neural elements, such as the visual cortex and its connections, to the parietal and temporal lobes and through the vagus nerve the gut. On the other hand, they link massive visualizing technologies without limit that sight the heavens and microbial world as well as peering into the deep history of the Earth from which animal, plant, and human consciousness co-evolved.

3. Emancipating the Mind's Eye

Suspended as an ephemeral vapor in the midst of this complexified array is the mind's eye: that multimodal buffer in which formerly perceived and remembered objects of representation are brought forth out of storage. In other words, according to Stephen Kosslyn "when a representation of the type created during the initial phases of perception is present but the stimulus is not actually perceived"[7]. Furthermore these images correspond to short-term memory representations that lead to the depictive experience of seeing with the mind's eye. Observing mental images use many of the same functional strategies used in perception and

7 Gregoire Borst, Stephen M. Kosslyn:"Visual Mental Imagery and Visual Perception: Structural Equivalence Revealed by Scanning Processes", in: *Memory & Cognition,* 36 (4) (2008), pp. 849-862.

share common underlying representations. The litera-
ture of mental imagery and brain damage has obfuscat-
ed the clarity of this relation because brain damage to
visual areas can cause disrupted object recognition but
not disrupted visual mental imagery.[8] It appears that
while perception require bottom-up processes emanat-
ing from the occipital and temporal lobes of the brain,
mental imagery requires what are referred to as top-
down influences, generated by the frontal and parietal
lobes, that are not always necessary in perception.
Important for us in understanding the nature of the
model as it is formed in the buffer of the mind' s eye
and its policing is, according to Stephen Kosslyn, that
visual perception and imagery share a common link
through the processes of spatial relations. In other
words they are depictive and laid out in visual space.
It appears that this is due to the neural architecture
of the visual cortex which is topographically organized.
"In particular, the first cortical areas that process
visual input are topographically organized: The spatial
layout of the surfaces of objects is represented by the
spatial layout of the patterns of activation on the
cortex."[9] Although natural constraints may be conserv-
ative and difficult to change it may not be so for those
connections built into the network as a result of experience and most importunately culture. Gerald Edelman's
concepts of the primary and secondary repertoires
are significant here considering his theories of
neural Darwinism.[10]

8 Ibid.
9 Stephen M. Kosslyn, Nathaniel Alpert, William L. Thompson et al.: "Visual
Mental Imagery Activates Topographically Organized Visual Cortex", in:
PET Investigations. Journal of Cognitive Neuroscience, 5 (3) (1993), pp. 263–287.
10 Gerald M. Edelman: *Neural Darwinism: The Theory of Neuronal Group Selection,* New York: Basic Books 1987.

But it is not only scanning spatial properties or a layout that are at stake and reimagined in the minds eye. In the classical article by Zenon W. Pylyshyn entitled *Mental Imagery: In Search of a Theory,* many more characteristics of this mind's eye are delineated that are important to the theory of the model as they are constructed and inspected there.[11] Size of mental images, mental paper folding, mental rotation, interaction with real and imaginary spaces and visual motor interactions are some of the characteristics brought into play in mental modeling in the mind's eye. Also of significance is improvement of metacognition in which practicing on a mental image can improve performance on a perceptual task. Can these relations between perception and mental imagining carry over the effects of the redistributions of sensibility as noted by Jacques Ranciere in his *The Politics of Aesthetics?* [12]

Therein he describes the "distribution of the sensible", or le partage du sensible as the "implicit law governing the sensible order that parcels out places and forms of participation in a common world by first establishing the modes of perception with which these are inscribed. Implicit in this statement is that sovereignty produces a system of perceptual facts that are regulated and, in turn, regulate its constituents perceptual bodies." [13]

What then of the mind's eye and the mental imagery, which we saw in the work of Kosslyn? What then of those perceptual relations important for interacting with the virtual world of the World Wide Web instead of

11 Zenon W. Pylyshyn: "Mental Imagery. In Search of a Theory", in: *Behavioral and Brain Sciences,*25 (2) (2002), pp 157–182.
12 Jacques Ranciere: *The Politics of Aesthetics: The Distribution of the Sensible,* New York / London: Continuum 2004.
13 Ibid.

the so called "real"? Do these sensations and perceptions perform in the mind's eye and do they have effects upon the contents of the models created in the mind's eye? Are the memories enlisted and brought into view in the theater of the mind's eye the result of the attention economy in which the certain stimuli are more effective in registering attention and which then induce memories and sculpt the neurosynaptic logics of the functional networks in play in thought itself?
On the other hand, is it possible that art, architecture, poetry, cinema, dance, performance, and music deterritorialize and redistribute the sensible and concomitantly the contents of the mind's eye. This is truly the power of art in fashioning new forms of consciousness. Let us look deeper into this matter.

The physical constraints and personal knowledge of the real world constrained by physical forces like gravitational moments, magnetism, tension, compression, and aging that need to be dealt with in architecture if the real building won't fall down are released in the mind's eye where there are no such restraints beyond the limitations of one's own individual creative capacity. Buildings can fly, they can go from liquid to solid and by simply turning the imaginary pages in your mind's eye can undergo momentous changes taking on a different color and being made of a different material. Euclidean geometries can be superseded by Gaussian topology. In the mind's eye the architectural model is refreshed and renewed each time the image is made to appear. However, at the same time, if the depicter knows about the aging process of a building and its materials it can be made to age and crumble at any time scale from slow motion to fast forward. This emancipatory apparatus of the mind's eye is essential to creativity, and scenario visualization. "But perhaps more remarkable still is our ability to experience objects or events that do not exist in the world, through our imagination. This is perhaps one of the fundamental abilities that allow us successfully to plan, run dress rehearsals of future events, re-analyze the past – and even simulate or fantasize events that may never happen. In short, it could be argued that this ability is one of the main factors that have allowed us as a species to dominate our planet so profoundly.[14] Inherent in this statement is that resistance to dominant regimes of mental conscription is a naturally selective attribute of the human species important to survival and dominance.

4. Transitioning From Early to Late Stage Cognitive Capitalism

In *Cognitive Capitalism* the material brain and the mind are the new factories of the 21st century. Cognitive capitalism is defined by an early and late phase. Its early phase, which commences around 1975 according to Yann Moulier Boutang, demarcates the moment when industrial capital gives way to informational and semiotic capitalism.[15] Furthermore, it is delineated by new forms of precarity where one's job is always at stake and with it, ones benefits. Work becomes less communal and more private in which human interactions are carried on remotely. This greatly increases our screen time. Precarity is delineated by mnemotechnic rupture in representational memory in the cognitariat. This mnemotechnic disability concerns his/her abilities discern the difference between real memories, formed

14 Joel Pearson, Stephen M. Kosslyn: "Mental Imagery", in: *Frontiers in Psychology, 23. April 2013.*
15 Yann Moulier Boutang: *Cognitive Capitalism,* Cambridge: Polity Press 2011.

in direct contact with the natural image, as distorted as it is today by the Anthropocene, and those formed as a result of an engagement with media, like cinema and virtual platforms, to create prosthetic memories.[16] The mixing of real long-term and short-term memories with these prosthetic memories leads to a contamination of scenario visualization production, the process by which we create stories in our mind's eye/I for future actions. The 8-hour workday is expanded to a 24-hour workday which never stops; what is referred to as real subsumption in which life itself becomes work. The value economy is transformed into a valorization economy where profits are created through the actions of public relations, rumor, and advertising upon the shopaholic consumer mind's eye/I. Film footage of mad consumers trying to get into stores on Black Friday is a case in point. Finally, labor becomes performative and is designated as immaterial because it doesn't leave actual traces of material objects. We will see that in the transition to late cognitive capitalism immaterial labor does leave traces in the changes that are incurred at the post-synaptic membranes of the neural synaptic junctions in the form of short- and long-term memories.

Late cognitive capitalism is also known as the cognitive or neural turn in cognitive capitalism and commences around the turn of this century.[17]

Labor itself is predominantly mental in nature and is located in the "factory of the brain". Because the predominant forms of labor are intellectual and service oriented, the machinery of the brain takes on added

16 See note 6, Neidich 2022.
17 Warren Neidich: *The Glossary of Cognitive Activism,* Berlin ³2017.

importance as a source of mental surplus value and therefore the focus capitalistic adventurism and speculation in the new economy. As such, various interdisciplinary approaches have been engaged to understand its logics including cognitive neuroscience, behavioral economics, and epigenetics in order to increase the mental surplus value of the cognitive worker. In this regard it is through a process of cognitive ergonomics through which the machinery of the brain's connections becomes seamlessly entangled and mirrored with those connections that create the platforms in the World Wide Web, computer games and virtual reality as well as the connections of deep learning neural networks.[18] Key to understanding late-stage cognitive capitalism is neuropower. Neuropower constitutes the new focus of biopower from populations of bodies to that of brains in order to normalize difference and sculpt a homogenous populous through its action upon collective neural plastic common. It consists of three key ideas, all of which are directed towards the governing or governmentalization of populations of minds and brains. First and foremost, neuropower acts upon the neural plastic potential of the brain in a living present as well as over generations. Secondly, the rules and regulations that created conscripted bodies, referred to as "biopower", and previously linked to Taylorism in Fordism, have now been modified to focus, instead, on creating efficient laboring minds and brains sutured to the World Wide Web, computer games and virtual reality platforms. I use the term "Hebbianism" named after the Canadian neurobiologist D.O. Hebb to describe this new managerial style. Hebb's now famous adage, referred to as Hebb's Rule or Law states that "Neurons

18 Terrence J. Sejnowski: *The Deep Learning Revolution.* Cambridge, Mass.: The MIT Press 2018.

that fire together wire together". Hebbianism, is to the brains neural architecture engaged in mental labor what Taylorism is to the muscular body in action on the assembly line; a plan for its regulation and sculpting for the purpose of improving its efficiency in the neoliberal workplace. Finally, neuropower is the result of the redirection of the armamentarium of power from its focus on the distributions of sensations in the natural and designed world to those distributions performed in the working memory: that process that works with long-term memory in the context of sensory data received from the sense organs for a limited period of time in the mind's eye.

5. The Operative Image and the Production of the Operative Imagination

In Forensic Architecture a model is not the projection of an architectural idea but rather the culmination of investigations into human rights and environmental issues that also have spatial and architectural dimensions.[19] Operative models were a concept adapted by Forensic Architecture from the broader concept of Harun Farocki called operational images which were the focus of his films such as *Eye / Machine III.* What made these images different from those machine images that preceded it was that these visual machines did more than representing things the images were starting to do things in the world. According to Farocki in a description of his *Eye Machine III* operational images portray a process they themselves are part of. As such by being part of the process they instigate a change in the process. Of importance for us here and

19 Cynthia Davidson: "Operative Models", in: *The Model Behavior Exhibition cataLog,* 50 (2022), pp. 217–226.

the notion of the model is his own description of what was happening in *Eye Machine III.* "As early as the eighties, cruise missiles used a stored image of a real landscape then took an actual image during flight, the software compared the two images. A comparison between idea and reality, a confrontation between pure war and the impurity of the actual."[20] Important for the idea of the model is that it is something that is operative. We are on the cusp of a transition from an information and knowledge economy to a brain based one in which the brain neural plasticity, the neural commons, and the mind's eye will constitute the new focus of capitalist adventurism and exploitation.

In conclusion:

I have been proposing that the governmentalization of the mind's eye or image of thought is the actual political model now dominating late-stage cognitive capitalism. The current apparatuses of neural digitality such as brain computer interfaces, the metaverse, immersive social media, deep fakes and new algorithmic tools such as the artificial text generators Chat GPT, Whisper and DALI will trigger a mnemonic crisis within a powerful system of relationships that is immanent. This essay, as well as artworks in my recent exhibitions, are attempts to raise awareness to recognize and expose the current dangers facing humanity.

20 Harun Farocki: *Auge / Maschine III,* under www.harunfarocki.de/de/installationen/2000er/2003/auge-maschine-iii.html (retrieved on 25.03.2023).

Susanne Prinz (*1963) ist Kuratorin und Autorin und lebt in Berlin. Sie studierte Kunstgeschichte, Amerikanistik und Politik in München und Leipzig. Als Leiterin des Kunstvereins am Rosa-Luxemburg-Platz, der mit dem Ziel gegründet wurde, den architektonischen und sozialen Wandel im Berlin der Nachwendezeit zu thematisieren, konzentriert sie sich auf Kunst im öffentlichen Raum und zeitbasierte Interventionen. Dies geschieht in der Überzeugung, dass globale und lokale Probleme untrennbar miteinander verbunden sind und dass die Kunst der letzte Bereich zu sein scheint, in dem man über alternative Ordnungen spekulieren kann. Neben ihrer kuratorischen Tätigkeit lehrte sie an den Kunstakademien in Berlin, Kassel, Salzburg, Linz und Montpellier.

RES PUBLICA

Susanne Prinz

Irgendwann um die Jahrtausendwende tauchte plötzlich eine große Gruppe papierener Miniaturhäuser in verschiedensten wichtigen Ausstellungen im internationalen Kunst- und Architekturkontext auf. Sie stammten aus dem Nachlass des Versicherungsbeamten Peter Fritz und waren 1993 von dem österreichischen Künstler Oliver Croy bei einem Altwarenhändler gefunden worden, wo er alle 387 Modellentwürfe erwarb. Gemeinsam mit dem Kurator Oliver Elser machte er sie zu seinem künstlerischen Projekt und veröffentlichte dieses unter dem Titel *Sondermodelle*. Es stellte sich heraus, dass die Modelle zwar eine gewisse Nähe zu real existierenden Wohn- und Funktionsbauten hatten, aber weit über sie hinauswiesen. „Peter Fritz baute sich die Welt, so wie sie ist und gleichzeitig, wie sie noch interessanter sein könnte; noch verwinkelter, sehr viel bunter, mit merkwürdigen Anbauten und unzähligen Reklametafeln."[1] Das Interesse des Künstlers Croy galt bei diesen Readymades nicht in erster Linie unkonventionellen Wohnformen, die von einsamen Besessenen oder Träumern in Handarbeit gebaut wurden. Croy interessierte sich vielmehr für die utopischen Anliegen, die die Menschen dazu bewegen, solche unorthodoxen Strukturen zu bauen.

---

1 Maurizio Cattelan, Massimiliano Gioni, Ali Subotnick (Hg.): *Of Mice and Men,* Ausst.-Kat. 4. Berlin-Biennale für zeitgenössische Kunst, Ostfildern Ruit 2006, S. 138. Die Sammlung ist heute im Besitz des Wien Museum.

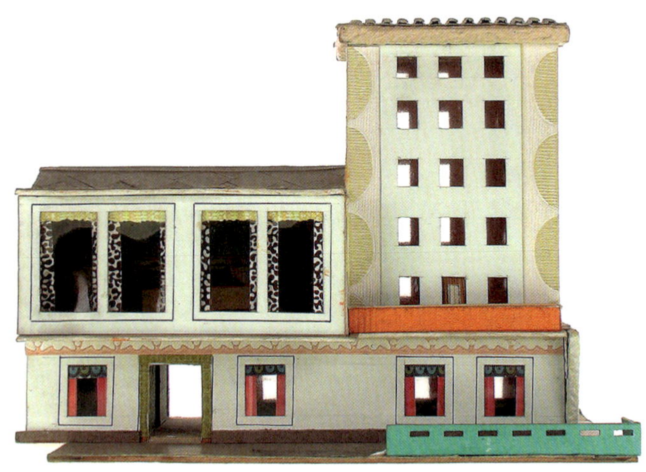

Oliver Croy / Oliver Elser: *Sondermodelle. Die 387 Häuser des Peter Fritz*

Das hier wichtige Moment der Utopie ist dem Modell –
nicht nur dem architektonischen – quasi automatisch
eingeschrieben. Erst recht, wenn es sich auf Zukünfti-
ges, vielleicht Mögliches oder auch Erfundenes bezieht.
Es dient dann dazu, neuen Lebensraumentwürfen
Form zu geben und trägt als Subtext oft auch Vorschlä-
ge für alternative Gesellschaftsformen in sich. Es sind
meist Ansätze zu potenziellen Weiterentwicklungen,
Unfertigkeiten, die sich als Angebot verstehen. Was das
Modell in wissenschaftlichen wie künstlerischen
Kontexten so attraktiv macht, ist, dass es kulturelles
Wissen nicht in einer Systematik abstrakter Begriffe
oder intellektueller Kausalketten bindet und analysiert.
Vielmehr macht das Modell dieses Wissen in Formen
unterschiedlicher materialer oder medialer Gestalt und
Herkunft via mit ihnen verflochtenen ästhetischen

Ideen greifbar. Dieser Ansatz ist auch die Basis für Hannes Brunners Arbeiten, der meint: „Sie ermöglichen (historisch wie aktuell), Wirklichkeit zu konstruieren und durch Fiktion zu antizipieren. Sie sind zu Bozzetti gewordene Gedanken, spontane (utopische) Entwürfe, die durch das Dazutun des Betrachters zu ‚Etwas‘ werden können. (…) meine Modelle verstehen sich als eine Hälfte einer Kommunikation, als Teil eines gesellschaftlichen Dialogspiels.“[2]

Hier drängt sich die Frage auf, wie das, woran sich Philosophinnen und Dichter abarbeiten, was Politiker, Naturwissenschaftlerinnen und Alchimisten beschäftigt, den Kunstschaffenden gelingen kann? Tatsächlich gehört die Produktion von Modellen schon seit Jahrhunderten zum Arbeitsinstrument vieler Kunstschaffenden und Kreativen aller Art. Modelle sind und waren Instrumente, um Vorstellungen so zu konkretisieren, dass sie einfacher zugänglich und überprüfbar werden. Die Strukturen künstlerischer Modelle bleiben dabei mehr propositional als funktional, d.h. sie verstehen sich als Vorschläge und nicht als Lösungen – womit sie sich deutlich von funktionalen Modellen aus Architektur und Wissenschaft unterscheiden. Letztlich können deshalb alle Bilder, Diagramme, Zeichnungen, Versuchsaufbauten und Bilder als Modelle verstanden werden, die ihre Aussage dann entfalten, wenn sie in Beziehung zu einer Wirklichkeit gesetzt werden. Dieser Beitrag ist der Versuch, Verschiebungen im Rollenverständnis der Kunst im sozialen Miteinander aufzuzeigen, die u.a. dazu führten, dass auch die Beschäftigung mit kleinen Häusern für eine Modelleisenbahn Eingang in den Kunstkontext fand.

2 Hannes Brunner im schriftlichen Austausch mit der Autorin, Sommer 2022.

Bezugspunkt Stadt / Welt

Vorab bemerkt: Stil ist für die meisten Modellbauer ohne Belang, auch wenn ihre Arbeiten durchaus individuell unterscheidbar sind. Im Vordergrund steht ein nicht zu leugnendes Interesse am Weltenbau. Architektur und Städtebau sind für viele dabei zentrale Ansatzpunkte zur Gesellschaftskritik. Bezugspunkt sind die Schriften der Situationisten – vor allem Ivan Chtcheglovs (Pseudonym Gilles Ivain) *Formel für einen neuen Urbanismus* (1953), Constant Nieuwenhuys *Der Weg zum unitären Urbanismus* (1960) sowie Guy Debords Essays für die S.I. (Situationistische Internationale). Constant selbst begann 1956 mit einem visionären Projekt *New Babylon,* das sich über 20 Jahre erstrecken sollte. Die utopische Stadt bestand aus einer schier endlosen Reihe von maßstabsgetreuen Modellen, Skizzen, Radierungen und Collagen, die durch Manifeste, Vorträge, Essays und Filme ergänzt wurden.

Während in Frankreich, Holland und anderswo im Norden Europas die Situationisten die Szene aufmischten, veröffentlichte der in den USA lebende Schwede Öyvind Fahlström – damals noch vorrangig Schriftsteller – sein *Manifest für Konkrete Poesie* (1954). Dort formuliert er Prinzipien hinsichtlich der Relation von Inhalt und Form, die später auch sein künstlerisches Schaffen bestimmen: „Heute tendiert das einheitsstiftende Element dazu, der Inhalt zu sein, sowohl das Beschriebene als auch sein Ideengehalt. Aber am besten ist es, wenn Form und Inhalt wie eine Einheit wirken.“[3]

3 Öyvind Fahlström: "Manifest für Konkrete Poesie" (1954), in: *The Complete Graphics, Multiples and Sound Works,* Wien 2001, S. 8.

Fahlströms Arbeitsweise als bildender Künstler trug folglich Züge des Agitprop-Pop, gemacht von einem Utopisten und Poeten. Es handelt sich um eine Art Dekonstruktion der statischen Kunstwelt mittels populärer Zeichen und armer Materialien. Das ist auf eine vordergründige Art so unterhaltsam, dass man zunächst übersieht, dass sich dahinter das alte utopische Modell von der Erneuerung durch Demontage versteckt wie es auch Chtcheglovs Idee, den Eifelturm zu sprengen, war. Fahlströms Themen sind entsprechend: Kapitalismus, Waffenhandel und Umweltverschmutzung. So begegnen sich in seinem grellen *Garten – ein Welt-Modell* (1973) Politik und Trash zu einem utopischen Universum. Hier soll ein umfassendes Weltbild geschaffen werden – durchaus mit der Möglichkeit des Scheiterns. Die Kunst als Versuch, das Unmögliche zu schaffen.

Auch Brunner begegnet hier dem schwedisch-brasilianisch-amerikanischen Künstler, auch wenn Brunners Materialwahl entscheidend durch sein nomadisches Leben beeinflusst ist. Die Mittel, die Fahlström für seine Werke einsetzt, prägen bis heute zahlreiche jüngere Kunstschaffende. Zuletzt 2022 zu sehen in dem berüchtigten *People's Justice* der Gruppe Taring Padi, das aus einem wegen seines Antisemitismus' hochproblematischen Monumentalbild und hunderten knapp unterlebensgroßen Pappfiguren bestand, die Phänotypen einer imperialistischen Welt repräsentierten.Hier ist Ernst Blochs konkrete Utopie in eine Dystopie umgeschlagen, womöglich hervorgegangen aus der vom Geografen und Autor André Ourednik definierten, heute herrschenden Hypertopie.[4]

4 André Ourednik: *Hypertopie: De l'utopie à l'omniscience*, Lausanne 2019.

Bezugspunkt Landschaft / Garten

Ab einem unbestimmten Zeitpunkt zu Beginn der
1980er-Jahre begannen am Modellbau Interessierte
wieder in Einzelwerken zu denken. Diese Entwicklung
zehrte sicher auch von den damals neuen bunten
erzählerischen Entwürfen postmoderner Architektur.
Massiv rezipiert wurde Denise Scott Browns und
Robert Venturis Manifest *Learning from Las Vegas*
(1977), das blitzartig schnell auch in Europa ankam.
Dazu addierte sich der unbedingte Wille vieler Kunstschaffender, die Abhängigkeit von Institutionen wie
Museen oder Galerien zu lockern.

Düsseldorf und New York waren Zentren des neuen,
überwiegend für den öffentlichen Raum gedachten
Modellbaus. Ludger Gerdes, der neben Thomas Schütte,
Reinhard Mucha und Harald Klingelhöller zu den
bekanntesten Protagonisten dieser Bewegung gehört,
beschreibt die Ausgangslage: „Ich, Reinhard Mucha
oder vielleicht Thomas Schütte (…) dachten alle in
Modellen, arbeiteten alle am Modellbau."[5] Gerdes'
eigene Arbeit an kleinen Modellen begann konkret nach
einem Aufenthalt in New York in den Jahren 1979–1980
und nach einem Vortrag im Atelier von Gerhard Richter
über postmoderne Architektur.

Reinhard Mucha drehte das ganz große Schicksalsrad
mit Jahrmarktsattraktionen aus Aluleitern, Stühlen und
Neonröhren. Der Titel einer Arbeit *Das Figur-Grund
Problem in der Architektur des Barock (für dich allein
bleibt nur das Grab)* (1985) kann programmatisch
gelesen werden. Tatsächlich befasste sich die Gruppe

5 Aus einem Interview, in: Ludger Gerdes: *System,* Toulouse 1991, S. 59.

mehr oder weniger intensiv mit der Übersetzung
bestimmter Ideen barocker Architektur und englischer
Landschaftsgärten in den zeitgenössischen Kunstkontext – dabei immer mal wieder von der Metapher in den
konkreten Entwurf abwandernd. Die Ambivalenz dieser
Künstlergeneration gegenüber den bürgerlichen Sitten,
die sich in der Dekonstruktion der Ausstellungsräume
von Museen – den privilegierten Orten der bürgerlichen
Selbstreflexion – manifestierte, fand seltsamerweise
Resonanz in den Prinzipien feudaler Architektur und
Landschaftsgestaltung. Gerdes lässt sich am intensivs-
ten darauf ein, während Klingelhöller eher im metapho-
risch-poetischen Raum agiert. Die Zusammenführung
von sprachlichem Ausdruck und skulpturaler Form ist
allen gleich wichtig und reicht von Schüttes Architekturmodellen der *Ferienhäuser für Terroristen I, II, III,* die
aussehen wie Zweitsemestermodelle in Bauhausfarben
und ihre inhaltliche Positionierung erst über den Titel
bekommen, bis hin zu Gerdes' verschiedenen Arbeiten
des *ICHS* in Stein, Neon oder als Zeichnung. Unter
ihnen dekliniert das *Stück im Tal* (1991) mit den Modal-
verben dürfen-können-wollen-sollen-müssen-sterben
am offensichtlichsten die Reflexionen des Künstlers zu
Virgils „Et in Arcadia ego". Allgemein als Verweis auf die
Existenz des Todes selbst im Paradies interpretiert,
beschreiben die in Gärten und offener Landschaft zu
verortenden „ICHS" einen nur durch eben diesen Tod
begrenzten, dem Menschen aber grundsätzlich verfüg-
baren offenen Möglichkeitsraum.

In die Richtung, Kunst für eine mögliche Gestaltung
von Situationen im Freien, im öffentlichen Raum, in der
Stadt zu schaffen, gehen gleichzeitig in New York auch
einige am Modell Interessierte. Neben der Performance
wurde dieses als eine Möglichkeit gesehen, aus den

Kulturbetriebs-Selbstgesprächen auszubrechen.
Die Protagonisten sind fast alle eine Generation älter
und gehören meist zu einer spezifischen Gruppe
konzeptueller Kunstschaffender, die weniger durch das
Wort und durch Immaterialität geprägt sind als durch
ihr konkretes Interesse an der Welt und deren sozialen
und ökonomischen Verfasstheiten. Statt eines distanziert kommentierenden Konzeptualismus sah sich der
Modellbauer als engagiert, vital und konkret.

Vito Acconci, dessen Arbeiten im Laufe der Zeit immer
weniger von denen eines Architekten zu unterscheiden
waren, ist einer von ihnen. Vor allem seine späteren
Arbeiten sind einer atemberaubenden, technisch
anspruchsvollen Avantgarde-Architektur verschrieben,
letztlich aber bleiben es wie die *Murinsel* in Graz (2003)
innovative Bauten, die sich jeder Kategorisierung
verweigern. Der wahrscheinlich bedeutendste Modellbauer ist aber Dan Graham, dessen politisch orientierte
konzeptuelle Kunst durch Werkformexperimente und
sozialkritische Orientierung bestimmt ist. Mehr noch
als bei Acconci, mit dem er die künstlerische Herkunft
aus der Performance und das Interesse an (damals)
neuen Medien teilt, werden Pavillons in verschiedensten Formaten Grahams Markenzeichen. Zunächst reine
Modelle, werden sie bald sowohl im wie außerhalb
des Kunstkontexts im öffentlichen Raum gezeigt.
Bis auf wenige Ausnahmen sind alle mit Zwei-Weg-
Spiegeln verglast und changieren so zwischen Überwa-
chungsarchitektur und Bühne oder Vexierspiel für
das Publikum. Wie für die Situationisten waren auch
für Graham Architektur und Städtebau zentrale Ansatzpunkte zur Gesellschaftskritik. Seine Strukturen
bleiben aber mehr propositional als funktional, d.h.
sie verstehen sich als Vorschläge und nicht als

Lösungen – womit sie sich entscheiden von klassischen Architekturmodellen unterscheiden.

Komplex und surreal nehmen sich daneben die Modell-Skulpturen des aus dem Iran stammenden Amerikaners Siah Armajani aus. Ein eigenartig freudianischer Hintergrund zeigt sich gelegentlich in Arbeiten wie *An Exile Dreaming of Saint Adorno* (2009). Dieses bühnenartige Modell verrät das persönliche Interesse des Künstlers an Adornos Exiltexten im Titel. Formal gleicht es Alberto Giacomettis frühen Skulpturen, die wie viele Modelle häufig Bühnen glichen.[6] Wie Schütte entwirft Armajani aber auch Kleinarchitekturen, die über den Titel politisch Stellung beziehen und revolutionären Persönlichkeiten der Geschichte Tribut zollen. Zu dieser Gruppe gehört u.a. *Gazebo for One Anarchist: Luigi Galleani* (1991), eine eher käfigartige Struktur als ein pastoraler Pavillon.

Den exzentrischsten Beitrag zur politischen Modellkunst liefert der schottische Künstler Ian Hamilton Finlay. Sein Anliegen „the interrelation of art and nature" mit einem Vokabular aus Fragmenten, Relikten, Monumenten, geometrischen Volumen und Inschriften, das sich beliebiger Auslegung verschließt, verfolgte der an Agoraphobie leidenden Finlay in seinem eigenen Park in den schottischen Lowlands seit den späten 1960er-Jahren. Unter den ersten Skulpturen, die er für seinen Garten ausführen ließ, ist auch ein kleiner Flugzeugträger aus Stein. Er gehört bereits zu Finlays Langzeitprojekt „Neoklassizistische Wiederaufrüstung" (neoclassical rearmament), das auch zur Umbenennung seines Gartens von Stonypath zu Little Sparta

6   Bis auf wenige Ausnahmen wie *The Palace at 4 p.m.* (1932) wurden diese vom Künstler selber zerstört.

führte und in den Little Spartan Wars mit der Landes-
verwaltung kulminierte. Der Flugzeugträger dient
kleinen Vögeln als Landeplatz, die das benachbarte
Wasser zum Bad nutzen und sich auf dem steinernen
Schiff ausruhen, wie es die Piloten im Luftkampf über
dem Meer auf den Flugzeugträgern taten. Handgrana-
ten aus Backstein, und „heroische Embleme" mit
Panzern und Unterseebooten variieren an anderen
Stellen das kriegerische Thema und schaffen zusammen mit dem Werkkomplex der revolutionären Arbeiten
eine Atmosphäre Kant'scher Erhabenheit – einst Ziel
eines jeden respektablen Landschaftsgartens.

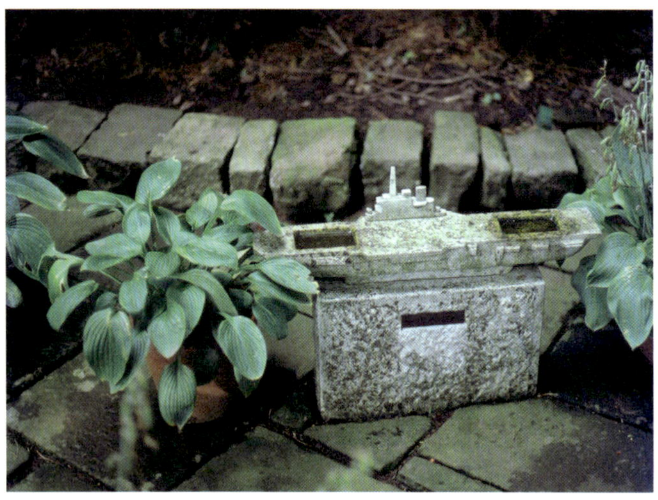

Ian Hamilton Finlay: *Battleship* im Garten von Stonypath, Little Sparta

1986 bis 1991 kulminiert ein Strang der Entwicklung
in der großen Modelllandschaft *Theatergarten-
Bestiarium,* die sich heute im Schloss Oiron befindet.

Sie basiert auf einem Text des Galeristen Rüdiger
Schöttle und bringt Entwürfe von Dan Graham, Ludger
Gerdes, Marin Kasimir, Jeff Wall, James Coleman,
Hermann Pitz und vielen anderen in einer poetischen
Bild- und Soundprojektionslandschaft zusammen. Die
Modelle der Installation stehen auf einer Landschaft
riesiger Tische. Darauf werden Bilder und Farben
projiziert. Musik von Glenn France ergänzt das allum-
fassende Ensemble. Hier spielen die Modelle idealty-
pisch ihre Natur als Metaphern des Transitorischen,
angeordnet irgendwo zwischen innen und außen,
öffentlich und privat, gemeinschaftlich/individualis-
tisch, natürlich/künstlich, geordnet/chaotisch, statisch
und veränderlich aus.

Heute sind Modelle eine etablierte Werkform im Kunst-
kanon. Dabei geht es beileibe nicht nur um architektonische Referenzen. Sie knüpfen beispielsweise an
Formate wissenschaftlicher Modelle oder Versuchsaufbauten an oder bedienen sich unmittelbar an deren
Methoden. Auch Hannes Brunner folgt seit einiger Zeit
dem Weg der Algorithmen in unserem Alltag und
bezieht Modelle der Quantenphysik und Kybernetik in
sein Denken mit ein.

Auch die Geografie kann eine Quelle sein. In der
wunderbar poetischen Installation *Mafolofolo: place of
recovery* (2022) befasst sich das Künstlerkollektiv
MADEYOULOOK mit täglichen Erfahrungen Schwarzer
in Südafrika. Ihre Installation ähnelte einer topografi-
schen Karte, deren Höhenlinien dreidimensional
ausgebildet waren. Gedacht war *Mafolofolo: place of
recovery* als anti-ergonomische Übung – Unbehagen
als Prinzip, um die Selbstgewissheit des Körpers
außer Kraft zu setzen.

Mitunter kehrt sich die Rolle des Modells um. So baut der Fotograf Thomas Demand seit Jahren aus Papier, Pappe und Karton aufwendige Repliken von politisch relevanten Tatorten oder auch alltäglichen Gebrauchsgegenständen und fotografiert diese dann ab. Demand sieht sich aber nicht als Fotograf, obwohl dies sein Ausstellungsmedium ist. Da er sich auch nicht als Modellbauer bezeichnet wissen will, findet sich hin und wieder der Ausdruck Illusionist – was keine schlechte Alternative ist. Auch Hiwa Ks Film *View from Above* (2017) baut auf Suggestion. Er erzählt die Geschichte eines Asylsuchenden als Voiceover zu Bildern des Trümmermodells von Kassel – eines großformatigen Stadtmodells aus den 1950er-Jahren, das die Zerstörung Kassels nach dem Zweiten Weltkrieg zeigt. Während die Erzählung sich entwickelt, verliert der Betrachter die Gewissheit, welche Stadt das aus der Vogelperspektive gezeigte Ruinenmodell zeigt: Kassel, Bagdad oder vielleicht schon Mariupol?

Die Möglichkeiten von Modellen in der Kunst haben sich inzwischen in ein medial und thematisch breitgefächertes Angebot erweitert. Natürlich drängt sich die Frage auf, weshalb Kunstschaffende mehr von Stadtplanung, sozialem Miteinander und dem Weltgefüge verstehen sollen als zum Beispiel Architekten, Soziologen oder Stadtplaner? Und warum erscheint ihnen gerade das Modell dafür als geeignetes Mittel? Eine Vermutung ist, dass das ungebrochene Interesse daran von der Einsicht herrührt, dass die moderne Kunst bisher unfähig war, die gesellschaftlichen Bedingungen, die die Realisierung ihrer eigenen utopischen Versprechen verhindern, zu verändern. Ein Modell hingegen ist eigentlich nur ein Vorschlag – aber immerhin ein Vorschlag.

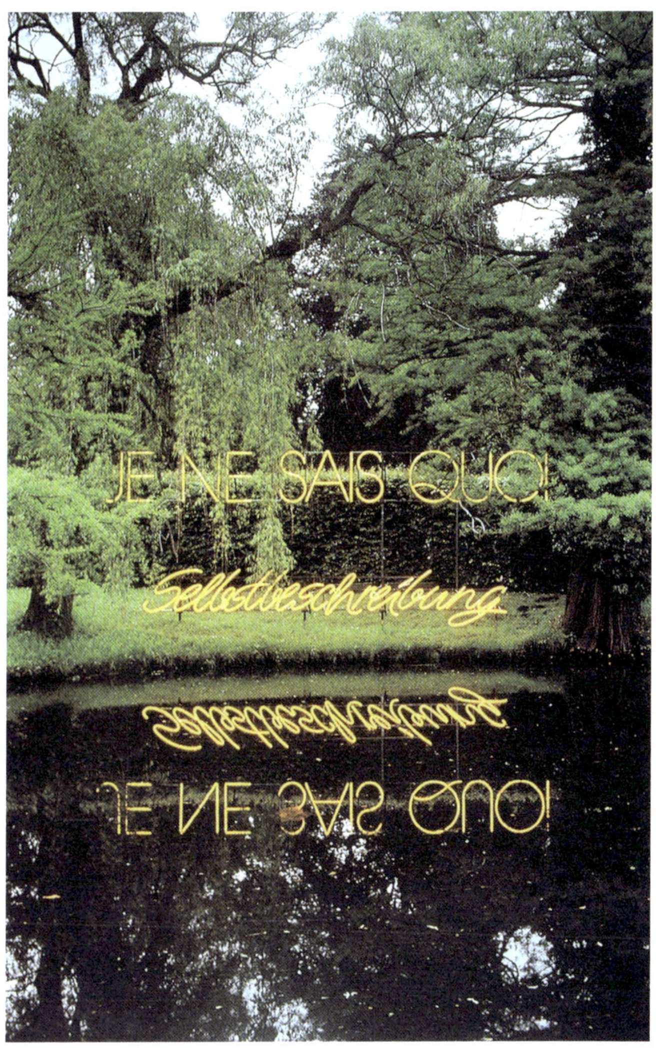

Ludger Gerdes: *Je ne sais quoi – Selbstbeschreibung* in der Ausstellung *East of Eden* im Schloss Mosigkau, 1994.

Ludger Gerdes: *Je ne sais quoi – Selbstbeschreibung* in the exhibition *East of Eden* in Schloss Mosigkau, 1994.

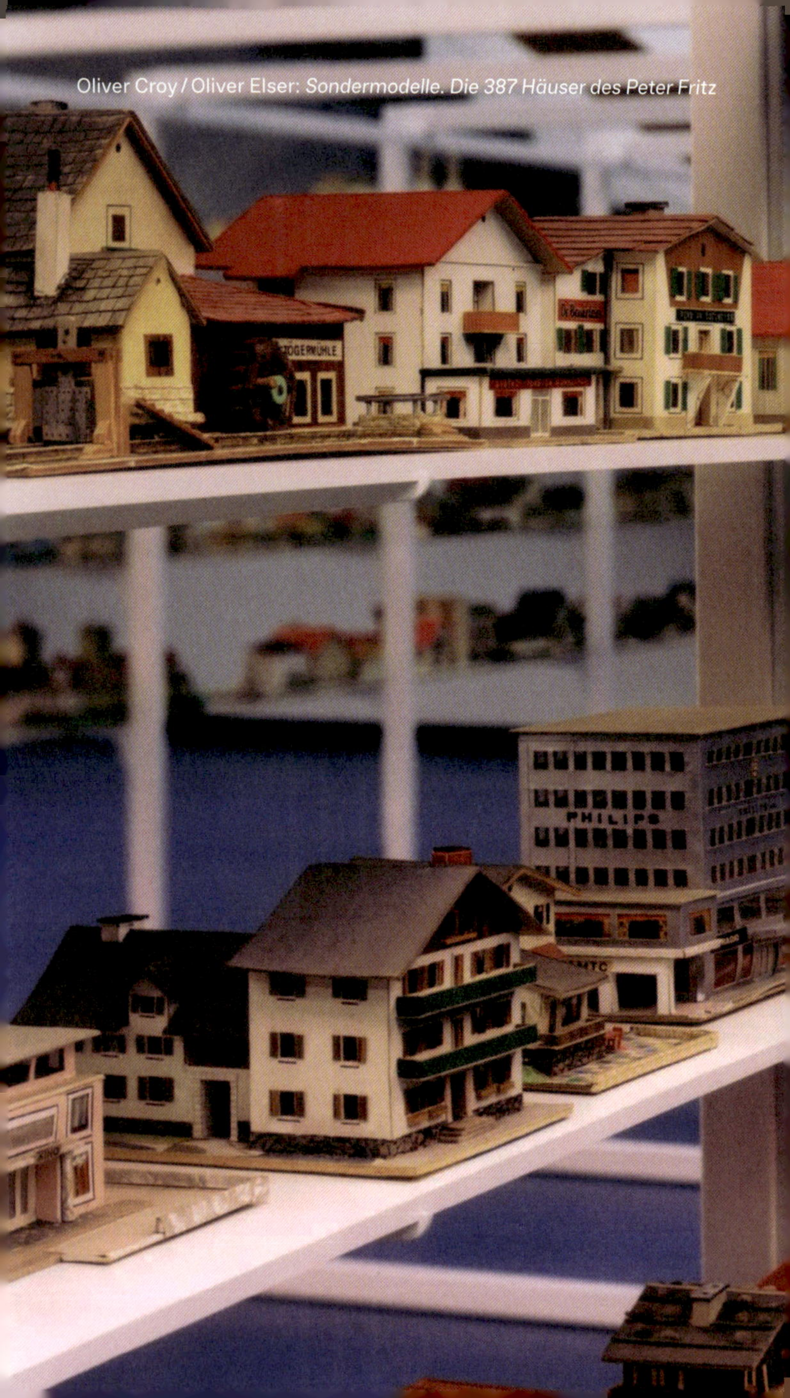
Oliver Croy / Oliver Elser: Sondermodelle. Die 387 Häuser des Peter Fritz

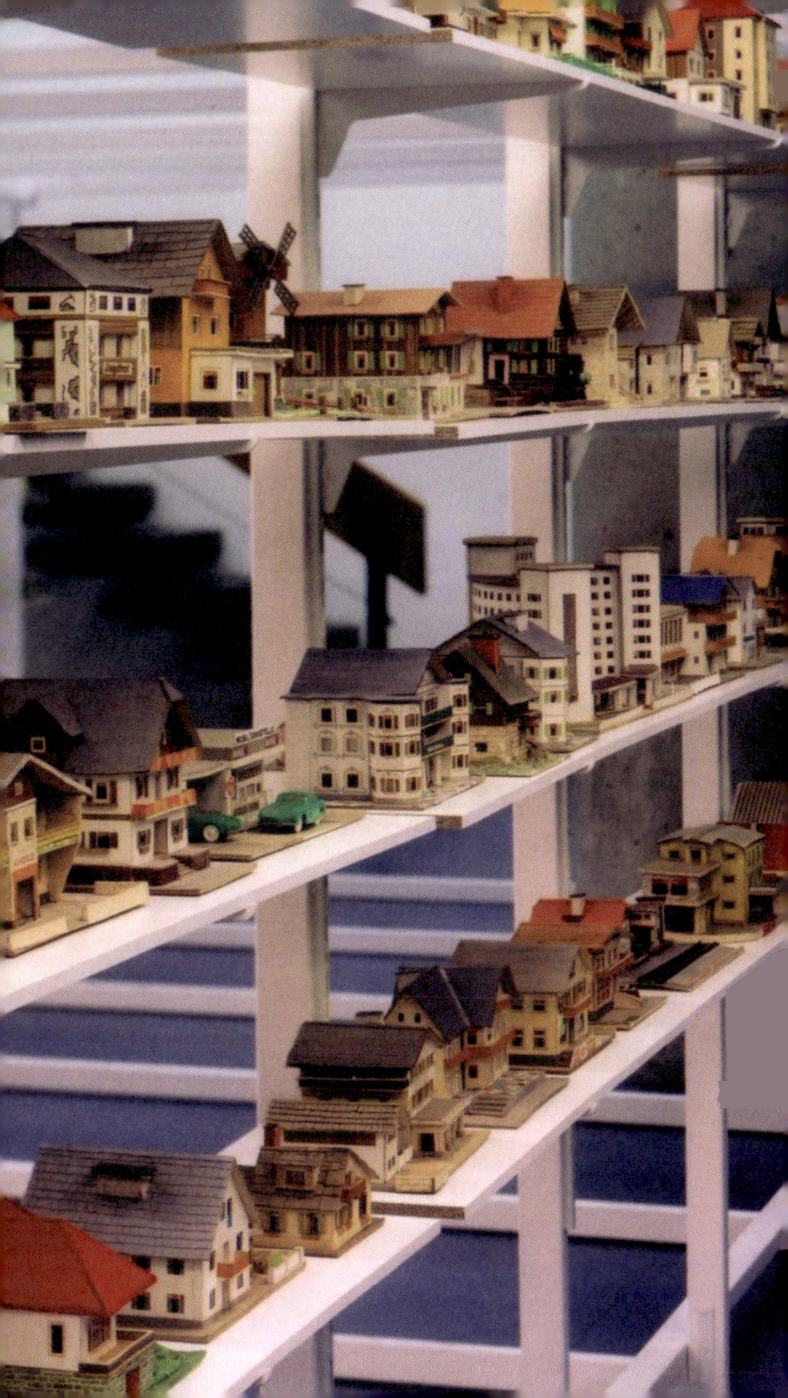

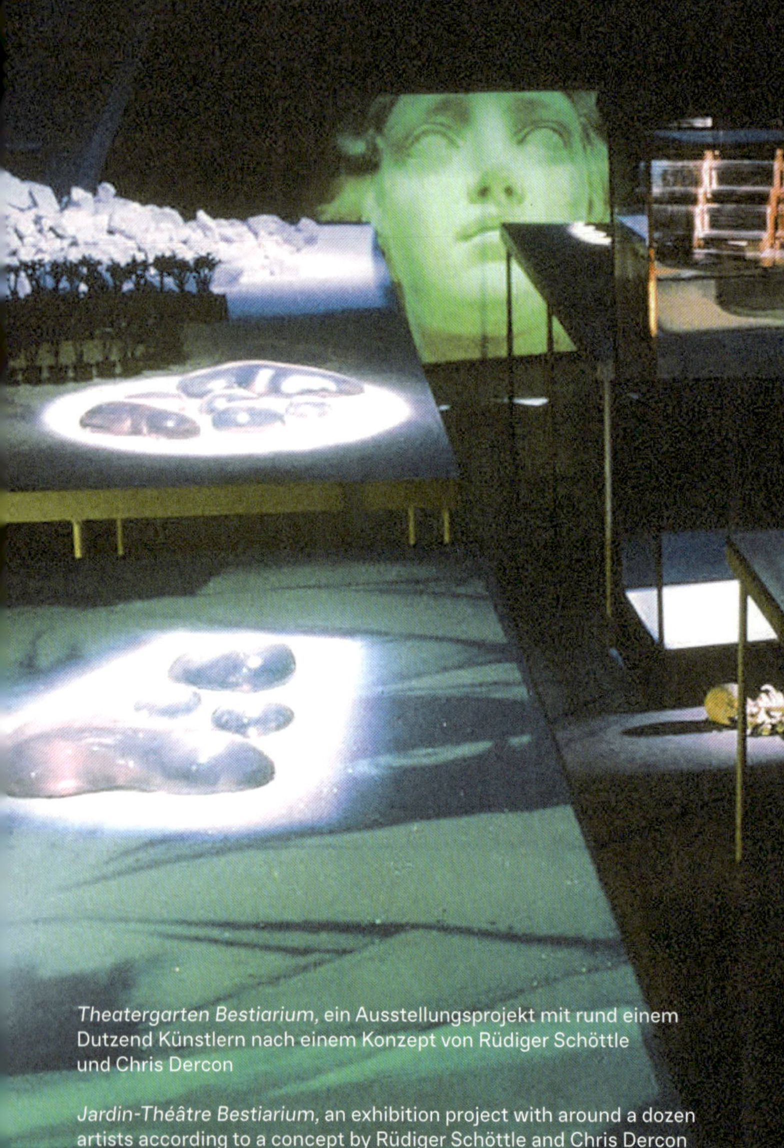

Theatergarten Bestiarium, ein Ausstellungsprojekt mit rund einem Dutzend Künstlern nach einem Konzept von Rüdiger Schöttle und Chris Dercon

Jardin-Théâtre Bestiarium, an exhibition project with around a dozen artists according to a concept by Rüdiger Schöttle and Chris Dercon

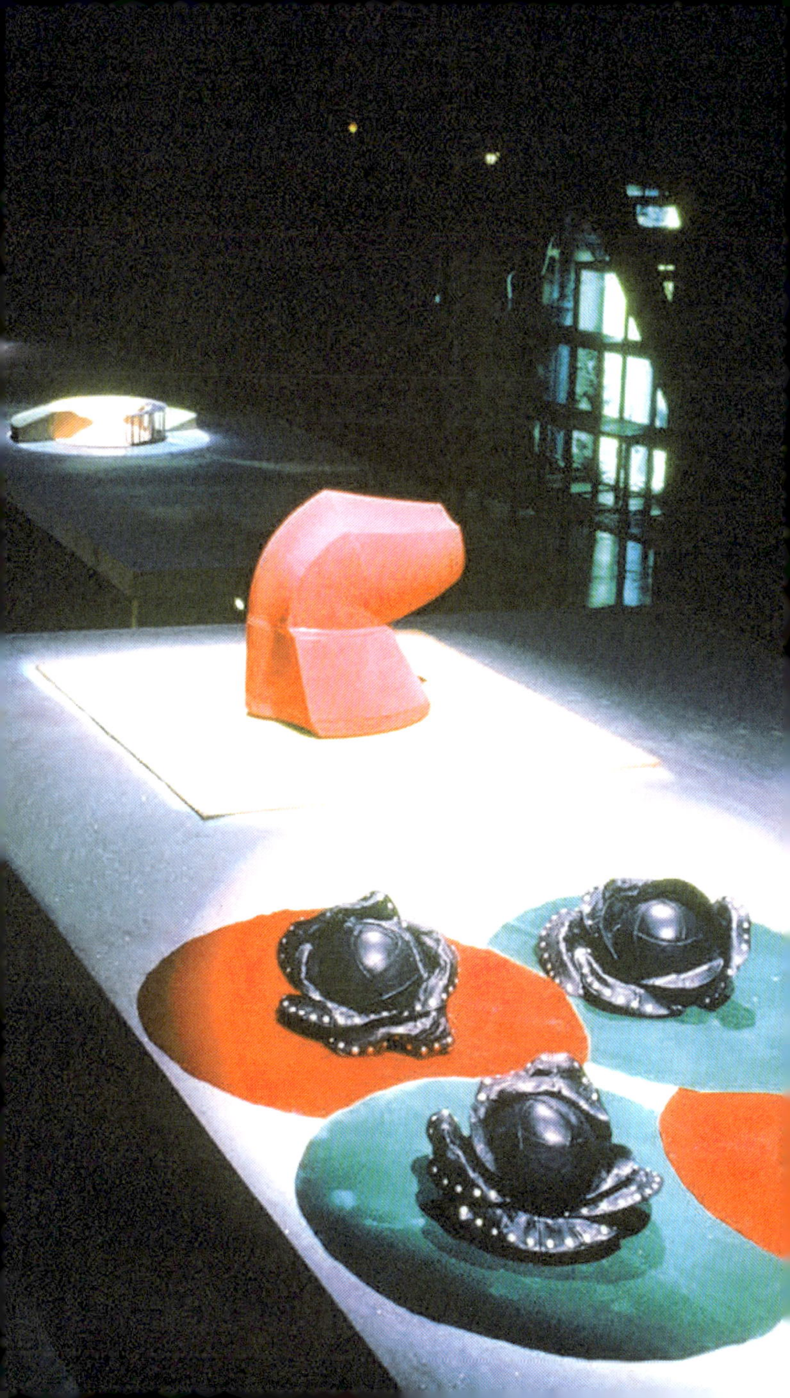

Susanne Prinz (*1963) is a curator and author and lives in Berlin. She studied art history, American studies, and politics in Munich and Leipzig. As Head of the Kunstverein am Rosa-Luxemburg-Platz, which was established with the objective of addressing architectural and social transformation in post-1989 Berlin, her focusses are art in the public realm and time-based interventions. This work is based on her conviction that global and local problems are inseparably linked and that art seems to be the last field in which it is possible to speculate on alternative systems. Alongside her curatorial work, she also teaches at the art academies in Berlin, Kassel, Salzburg, Linz, and Montpellier.

RES PUBLICA

Susanne Prinz

Sometime around the Millennium, a large group of miniature paper buildings appeared in a wide range of important international exhibitions in the fields of art and architecture. They came from the estate of the insurance agent Peter Fritz and had been discovered by the Austrian artist Oliver Croy in 1993 in an antiques shop, where he purchased all 387 models. Working with the curator Oliver Elser, Croy transformed the buildings into an artistic project, which he published under the title *Sondermodelle*. It transpired that, while the models had a certain similarity to real, existing residential and functional buildings, they went much further. Peter Fritz built the world as it is and, at the same time, as a much more interesting version of itself; more labyrinthine and far more colorful, with curious additions and countless advertising hoardings."[1] The interest of the artist Croy in these readymades had little to do with unconventional forms of housing that had been manually crafted by lone obsessives or dreamers. Croy was much more interested in the utopian concerns that move people to build such unorthodox structures.

---

[1] Maurizio Cattelan, Massimiliano Gioni, Ali Subotnick (eds.): *Of Mice and Men*, exh. cat. 4. Berlin-Biennale für zeitgenössische Kunst, Ostfildern Ruit 2006, p. 138, transl. by Rupert Hebblethwaite. The collection is now owned by the Wien Museum.

The utopian moment that is critical here is almost automatically inscribed in a model – and not just an architectural model. Especially when it relates to something that is yet to come, or potential, or even invented. In this case, its purpose is to give shape to new concepts for living spaces and it often includes, as a subtext, proposals for alternative social forms. These are usually approaches to potential developments, openings, which can be understood as an offer. In both scientific and artistic contexts, the model owes much of its appeal to the fact that it seeks to neither capture nor analyze cultural knowledge in a system of abstract ideas or a cognitive chain of cause and effect. Rather, the model makes this knowledge tangible via the aesthetic ideas woven into these objects with their different material or medial forms and origins. This approach also underlies the work of Hannes Brunner, who states: "They enable us (both historically and today) to construct reality and to anticipate with the help of fiction. They are thoughts transformed into Bozzetti, spontaneous (utopian) designs, which could become 'something' as a result of the contribution of the observer. (…) my models can be seen as one half of an exchange, as part of a social dialog."[2]

This raises the question of how artists can achieve something that philosophers and poets struggle with and that occupies the attention of politicians, scientists, and alchemists. The truth is that the production of models has been a working method for artists and creative minds in many fields for centuries. Models are and were instruments that allow ideas to be concretized in such a way that they are more accessible and easier to test. Hence, the structures of artistic models

2 Hannes Brunner in a written exchange with the author in summer 2022.

tend to be more propositional than functional, which means that they are to be seen as suggestions rather than solutions – and can be clearly differentiated from functional architectural and scientific models. Finally, this also means that all images, diagrams, drawings, experimental structures, and pictures can be understood as models, which then reveal their message when they are placed in a relationship with a reality. This article will attempt to highlight the shifts in the understanding of the role of art in social interactions that led, amongst other things, to a situation in which an interest in miniature buildings that were created for a model railway became part of the wider artistic context.

The urban / global reference

A preliminary observation: Questions of style are unimportant to most makers of models, even if their works can be clearly distinguished from each other. They are undeniably focused on building new worlds. For many, architecture and urban planning are the central starting points of social critique. Their benchmarks are the writings of the Situationists – particularly Ivan Chtcheglov's *Formulaire pour un urbanisme nouveau* (1953), which he wrote under the pseudonym Gilles Ivain, Constant Nieuwenhuy's *Der Weg zum unitären Urbanismus* (1960), and Guy Debord's essays for S.I. (Situationist International). In 1956, Constant began his own visionary project *New Babylon,* which he went on to pursue for 20 years. The utopian city consisted of an almost endless series of scale models, sketches, etchings, and collages, enhanced by manifestos, lectures, essays, and films.

While the Situationists were stirring things up in France, Holland, and elsewhere in Northern Europe, the USA-based Swede Öyvind Fahlström – then still principally a writer – published his *Manifesto for Concrete Poetry* (1954). In the work, he formulated principles for the relationship between content and form, which also went on to shape his own artistic output: "Nowadays the connecting element has a tendency to be content, both descriptive and ideational content. But it is best if form and content are one."[3]

Consequently, Fahlström's modus operandi as a visual artist bore traces of agitprop pop as created by a utopian and poet. His work is a form of deconstruction of the static art world by means of popular symbols and simple materials. And it is so ostensibly entertaining that one initially fails to notice that it conceals the old utopian model of renewal through destruction as also exemplified by Chtcheglov's idea of blowing up the Eiffel Tower. Fahlström's subjects reflect this: capitalism, the arms trade, and pollution. In his garish *Garden – a World Model* (1973), for example, politics and trash amalgamate in a utopian universe. The idea is to create a comprehensive worldview – which is quite capable of failing. Art as an attempt to achieve the impossible.

This is another way in which Brunner's work encounters that of the Swedish-Brazilian-American artist, even if Brunner's choice of materials is decisively influenced by his nomadic lifestyle. The tools used by Fahlström in his works still influence many young artists today. This could be seen most recently in 2022 in the notori-

3 Öyvind Fahlström: "Manifesto for Concrete Poetry" (1954), transl. by Karen Loevgren, Mary Ellen Solt, in: Solt (ed.): *Concrete Poetry. A World View*, Bloomington: Indiana University Press 1971, p. 75.

ous *People's Justice* by the group Taring Padi, which consisted of a monumental image that was highly problematic due to its anti-Semitism, together with hundreds of almost life-size cardboard figures, and represented the phenotype of an imperialist world.

Here, Ernst Bloch's concrete utopia has flipped to become a dystopia; possibly engendered by the currently prevalent hypertopia as defined by the geographer and author André Ourednik.[4]

The landscape / garden reference

At some point in the early 1980s, artists interested in making models returned to thinking about individual works. This development undoubtedly drew on the new, colorful, and richly narrative designs of postmodern architecture. Denise Scott Brown and Robert Venturi's manifesto *Learning from Las Vegas* (1977) had a huge impact that was also rapidly felt in Europe. A further factor was the strong desire of many artists to reduce their dependency on institutions such as museums and galleries.

Dusseldorf and New York were centers of this new enthusiasm for making models, principally for the public realm. Ludger Gerdes, who, alongside Thomas Schütte, Reinhard Mucha, and Harald Klingelhöller is one of the best-known protagonists of this movement, describes the starting point: "I, Reinhard Mucha or perhaps Thomas Schütte (…) all thought in models, all worked at making models."[5] Gerdes's own work with small models began concretely after he spent time in

4 André Ourednik: *Hypertopie: De l'utopie à l'omniscience*, Lausanne 2019.
5 From an interview in: Ludger Gerdes: *System*, Toulouse 1991, p. 59.

New York in 1979–80 and following a lecture in Gerhard Richter's studio about postmodern architecture. Reinhard Mucha spun the huge wheel of fortune with fairground attractions made from aluminum ladders, chairs, and fluorescent tubes. The title of one work, *Das Figur-Grund Problem in der Architektur des Barock (für dich allein bleibt nur das Grab)* (1985), can be read programmatically. In practice, the group addressed, more or less intensively, the translation of specific ideas from baroque architecture and the English landscape garden into the contemporary artistic context and, in doing so, regularly drifted from metaphor into concrete design. Paradoxically, the ambivalence of this generation of artists towards bourgeois convention, which manifested itself in the deconstruction of the exhibition spaces of museums – the privileged place of bourgeois self-reflection –, found an echo in the principles of feudal architecture and landscape design. Gerdes engages with this most intensely, while Klingelhöller tends to act in the metaphorical-poetic space. The amalgamation of linguistic expression and sculptural form is equally important to each of them and ranges from Schütte's architectural models of *Ferienhäuser für Terroristen I, II, III,* which resemble models in Bauhaus colors made by second-semester architecture students and only establish their position through their title, to Gerdes's various versions of his *ICHS* in stone, neon, or as a drawing. Amongst these, it is the *Stück im Tal* (1991) with its descending series of modal verbs dürfen-können-wollen-sollen-müssen-sterben (may-can-want-should-must-die) that most obviously captures the artist's reflections on Virgil's "Et in Arcadia ego". Generally interpreted as a reference to the existence of death, even in paradise, the *ICHS*, which can be found in gardens and open landscapes, depict an open potential space that is basically accessible to all and only terminated by death. The potential of art as a means of shaping situations in the open, in the public realm, and in the city is being explored at the same time by a number of New York artists who are interested in models. This is seen, alongside performance, as a means of escaping from the navel-gazing soliloquies of the cultural sector. The protagonists are almost all a generation older and most belong to a specific group of conceptual artists, who are less characterized by words and immateriality than by their concrete interest in the world and its social and economic state. Rather than engaging in distanced judgmental conceptualism, these modelmakers saw themselves as engaged, vibrant, and concrete.

Vito Acconci, whose work became progressively harder to differentiate from that of an architect, is one of these artists. His later works in particular can be ascribed to a breathtaking, technically challenging avant-garde architecture, but these – as exemplified by the *Murinsel* in Graz (2003) – ultimately remain innovative buildings that evade any attempt at categorization. Perhaps the most important modelmaker, however, is Dan Graham, whose politically oriented conceptual art is defined by its experiments with form and its socio-critical orientation. Even more so than in the case of Acconci, with whom he shares a background in performance art and an interest in the (then) new media, pavilions, in a wide range of formats, become Graham's trademark. Initially pure models, these soon appear in public spaces, in both artistic and non-artistic contexts. With very few exceptions, they are glazed with two-way mirrors, as a result of which they oscillate between surveillance architecture and platforms or puzzles for the public. As with the Situationists, architecture and urban planning provided key starting points for Graham's social critique. However, his structures remain more propositional than functional, which means that they are to be seen as suggestions rather than solutions – which differentiates them from classic architectural models.

Alongside these, the model sculptures by the Iran-born American Siah Armajani appear complex and surreal. And they occasionally reveal a singular Freudian background, as in works such as *An Exile Dreaming of Saint Adorno* (2009). The title of this stage-like model betrays the artist's personal interest in Adorno's texts about exile. In formal terms, it resembles Alberto Giacometti's early sculptures, which, like many models, often recall stages.[6] But Armajani, like Schütte, also creates small architectural forms, whose titles take a political stance and pay tribute to historical revolutionary personalities. This group includes works such as *Gazebo for One Anarchist: Luigi Galleani* (1991), which is more cage-like structure than pastoral pavilion.

The most eccentric contribution to political model art comes from the Scottish artist Ian Hamilton Finlay. Finlay, who suffers from agoraphobia, has been pursuing his particular interest, "the interrelation of art and nature", with a vocabulary of fragments, relics, monuments, geometrical volumes, and inscriptions that evades all attempts at interpretation, in his own park in the Scottish Lowlands since the late 1960s. One of the first sculptures that he had made for his garden is also a small aircraft carrier made of stone.It already forms part of Finlay's long-term project *Neoclassical*

6 With a few exceptions such as *The Palace at 4 p.m.* (1932) these were destroyed by the artist himself.

Rearmament, which also led to the renaming of his garden from Stonypath to Little Sparta and culminated in the Little Spartan Wars, in which his enemy was the County Council. The aircraft carrier also acts as a landing site for small birds, which take a bath in the adjacent water and rest on the stone ship, just like the pilots who take a break on aircraft carriers during aerial combat on the high seas. Hand grenades made from brick and "heroic emblems" with tanks and submarines vary this military theme elsewhere and combine with the series of revolutionary works to create an atmosphere of Kantian sublimity – which was once the aim of every respectable landscape garden.

Between 1986 and 1991, one branch of development culminated in the large model landscape *Jardin-Théâtre Bestiarium,* which is now found in the Château d'Oiron. Based on a text by the gallerist Rüdiger Schöttle, this brings together designs by Dan Graham, Ludger Gerdes, Marin Kasimir, Jeff Wall, James Coleman, Hermann Pitz, and many others in a poetic visual and audio landscape. The models in the installation stand on a landscape of giant tables. Images and colors are projected upon the all-embracing ensemble, complemented by music from Glenn France. In this setting, the models ideally exploit their nature as metaphors for the transitory, positioned somewhere between inside and outside, public and private, communal/individualistic, natural/artificial, ordered/chaotic, motionless and mutable.

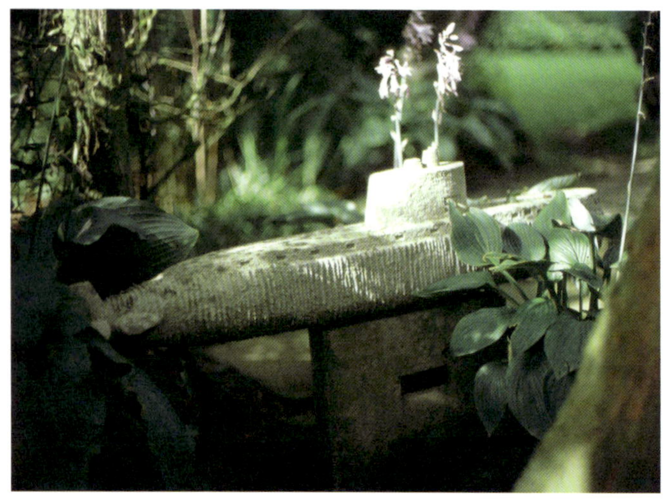

Ian Hamilton Finlay: *Battleship* in the garden of Stonypath, Little Sparta

Nowadays, models are an established form of work in the artistic canon. But they are far from being mere architectural references. For example, they build on the formats – or make direct use of the methods – of scientific models or experimental structures. For some time, Hannes Brunner has also been following the path of algorithms in our daily life and involves models from quantum physics and cybernetics in his thinking. Geography can also be a source. In the wonderfully poetic installation *Mafolofolo: place of recovery* (2022), the artists' collective MADEYOULOOK addresses the everyday experiences of black people in South Africa. Their installation resembled a topographic map, whose gradients have been given three-dimensional form. *Mafolofolo: place of recovery* was created as an anti-ergonomic exercise, in which unease becomes a principle as well as a means of suspending the self-assurance of the body.

Sometimes the role of the model is reversed. For example, the photographer Thomas Demand has spent many years building elaborate replicas of politically significant places or everyday objects out of paper, paperboard, and cardboard and then photographing the results. However, Demand does not consider himself to be a photographer, even though photography is his exhibition medium, and he rejects the label modelmaker, so we occasionally find the term illusionist – which is not a bad alternative. In his film *View from Above* (2017), Hiwa K also builds upon suggestion. He tells the story of an asylum seeker as the voiceover to images of the Trümmermodell of Kassel – a large-scale urban model from the 1950s that shows the destruction of Kassel at the end of the Second World War. As the narrative develops, the observer is no longer certain which city is represented by the model of ruins that they are seeing from above: Kassel, Baghdad, or maybe even Mariupol?

Models now offer a wide range of medial and thematic artistic possibilities. This naturally raises the question of why artists should understand more about urbanism, social interaction, and the state of the world than, for example, architects, sociologists, or city planners? And why do they see the model as the appropriate tool for such work? One suspicion is that the sustained interest in models stems from the realization that, to date, modern art has been unable to change the social conditions that prevent it from fulfilling its own utopian promises. A model is, on the other hand, really only a model – and yet it is still a proposal.

Markus Landert (*1958) studierte an der Universität Zürich Kunstgeschichte und arbeitete als Journalist. Seit 1992 ist er Direktor des Kunstmuseums Thurgau in der Kartause Ittingen, wo er auch für den Betrieb des kulturhistorisch ausgerichteten Ittinger Museums verantwortlich zeichnet. Er hat Ausstellungen mit international bekannten Persönlichkeiten wie Joseph Kosuth, Marina Abramovic oder Janet Cardiff kuratiert und sich einen Namen gemacht als Spezialist für Außenseiterkunst.

Entwurfsanlagen –
Denken mit Modellen

Markus Landert

Im Schaffen von Hannes Brunner nimmt das Arbeiten mit Modellen breiten Raum ein. Immer wieder benennt er seine Werke in den Titeln als Modell, etwa 1994 in *Park-Anlagen – ein Projekt mit 50 hypothetischen Modellen* oder 2008 bei der *Modellsammlung für Zeitarchitekturen*. Noch 2022 konstatiert der Künstler in einem Text zur Ausstellung *Entwurfsanlagen* im Kunstverein am Rosa-Luxemburg-Platz in Berlin und im Kunstmuseum Thurgau: „Seit Längerem setze ich mich im skulpturalen Arbeiten mit den unterschiedlichen Verhältnissen von gedanklicher Konstruktion und deren gestischer Äußerung im Modell auseinander."[1]

Nun aber stellt sich die Frage, was ein Modell denn überhaupt ist und welche Funktion es hat. Offensichtlich gibt es in Wissenschaft, Architektur, Kunst oder Mathematik unterschiedliche Vorstellungen, wie Modelle geschaffen und wie sie eingesetzt werden. Was alle Vorstellungen eint, ist die Annahme, dass zwischen Modellen und den damit betrachteten „Gegenständen" eine Beziehung besteht, die mal als Analogie, mal als Repräsentation oder Spiegelung nach bestimmten Regeln beschrieben werden kann. Modelle treten als Objekte, Bilder, Theorien oder auch Formeln auf. Sie fassen Informationen über reale

---

1 Hannes Brunner: Projektbeschrieb für das Konzept *Entwurfsanlagen. hot / front desk +*, Typoskript 2022, S. 2.

oder vorgestellte Phänomene und machen sie kommunizierbar.[2] Modelle verweisen also auf etwas Gleiches in einer anderen Form, repräsentieren ein Original und stellen komplexe Wirklichkeiten soweit reduziert dar, dass diese vorstellbar, verstanden werden. Dabei sind maßstäblicher Dimensionswechsel, Abstrahierung, Entzerrung oder Verdichtung die Mittel, die zum Einsatz kommen können. Wie nun passt das skulpturale Arbeiten von Hannes Brunner in diese Vorstellung des Modells? Auf welche Wirklichkeiten bezieht er sich in seinen Arbeiten, und welche Erkenntnisse lassen sich daraus gewinnen?

Spaziergänge durch die Stadt

Das Werk *Parkanlagen,* 1994 in Rom entstanden, besteht aus 50 Kartonkonstruktionen, die ähnlich wie Architekturmodelle funktionieren. Hannes Brunner übersetzte Eindrücke seiner Streifzüge durch öffentliche Parkanlagen in eine Serie von Kartonschnitzereien, die – ausgehend von Gesehenem – fiktive Gartenanlagen und städtebauliche Situationen wie Autobahnübergänge oder Kinderspielplätze neu erfinden. Er überführt seine Betrachtung historischer Orte übergangslos in eine Auseinandersetzung mit der Frage, wie denn öffentlicher Raum gestaltet werden soll, damit er den Menschen dient. Im Gegensatz zu traditionellen Architekturmodellen, die exakte Pläne und Aufrisse in dreidimensionale plastische Objekte überführen, folgen Brunners Kartonkonstruktionen einer ungebundenen Denk- und Formlust, deren Wurzeln in der Entwurfstra-

2 Zu Modelltheorien vgl. Reinhard Wendeler: *Das Modell zwischen Wissenschaft und Kunst,* München 2013, oder Herbert Stachowiak: *Allgemeine Modelltheorie,* Wien / New York 1973.

dition der klassischen Bildhauerei liegen. Bevor die Bildhauer ihre Gestaltungen aus dem Stein schlugen, erprobten sie ihre Vorstellungen in dreidimensionalen Entwürfen, den sogenannten Bozzetti. Meist in Ton, Wachs oder Gips gehalten, war ihre wichtigste Eigenschaft die einfache Formbarkeit und der tiefe Materialpreis, während die Langlebigkeit keine Bedeutung hatte. Bei Hannes Brunner tritt an die Stelle der traditionellen Entwurfsmaterialien überall reichlich vorhandener Verpackungskarton sowie die direkte Arbeit mit Schnitzmesser und Cutter. Sie verleiht seiner skulpturalen Formarbeit den Anschein eines freien Fabulierens mit Material.

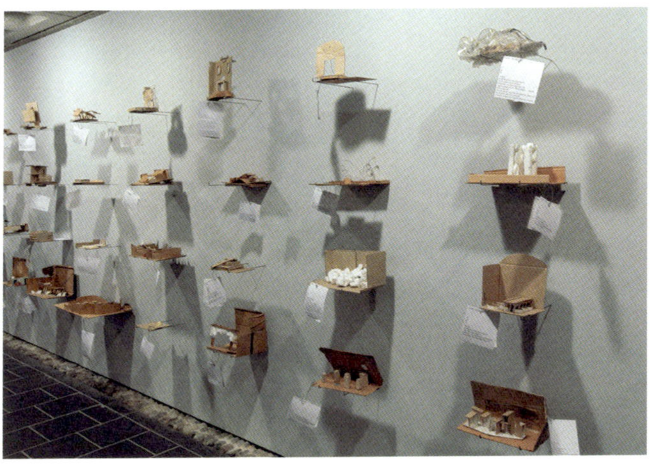

Hannes Brunner: *Parkanlagen – ein Projekt mit 50 hypothetischen Modellen*, 1994, Karton und andere Materialien. Kunst(Zeug)Haus Rapperswil / Kunstmuseum Thurgau. Ausstellungsansicht Kunstmuseum Thurgau 2023

Bei Hannes Brunner geht die skulpturale Modellarbeit über eine reine Formspielerei hinaus, was sich an den komplexen Begleitangaben zu den Objekten ablesen lässt, die den Schnitzereien auf Etiketten beigegeben sind. Da heißt es etwa: „Hintergärten mit Mülldeponie und Spiralaufgang" oder „Reliefstudie für spannende Spaziergänge" oder „Skulpturale Studie mit verhüllter Back-Ground-Szenerie und Tageschau-Sprecher-Tisch (zur Steigerung des subjektiven Selbstwertgefühls)". Solche Beschriftungen sowie eine kryptische Ordnungsanlage verweisen auf eine Parktheorie, die allerdings fiktiv bleibt und sich für Betrachtende nur schwer erschließt.

In der ein Jahr später entstandenen Werkgruppe *Stadtwände* zeigt sich Brunners Auseinandersetzung mit Architektur und Städtebau noch differenzierter. Die Arbeit umfasst neben einer Serie von analytischen Zeichnungen vier Modellbögen zum Umgang mit Fassaden und Raum in der Stadt. Überschrieben mit den Titeln *Büchsenstadt, Bogensilhouette, Festarchitektur* und *Moderne Siedlung* führt Brunner mit deren Hilfe eine Theoriediskussion, in der er grundsätzliche Fragen des Umgangs mit öffentlichen Räumen erörtert. Einzelne Modelle werden zu größeren Einheiten zusammengeführt, in denen sie eine Fragestellung umfassender aufgreifen. Dabei thematisiert der Künstler Grundlagen städtebaulichen Denkens, indem er das Besetzen und Gestalten von Raum durch Körper und Flächen erprobt, den Umgang mit Fassadenelementen durchspielt oder die gesellschaftliche Funktion von temporären und dauerhaften Bauten befragt.

Eine neue Dimension erreichte Brunners Modellarbeit in der Realisierung der Arbeit *Stadtwand* in Dresden.

Er ließ aus Baugerüst, Kartonelementen und Plastikfolie für einige Monate eine Fassadenkonstruktion errichten, mit der die Möglichkeit eines Gebäudes und die Realität einer Fassade auf einem leeren Baufeld in der Stadt erprobt wurden. Auch diese temporäre Installation war ein Modell, wenngleich in der Dimension durchaus nahe an einem realen Gebäude. Die Modellhaftigkeit bestand darin, dass das real im Stadtraum realisierte Gebilde lediglich ein Verweis auf eine hypothetische Realität war, die mit der temporären Konstruktion zur Diskussion gestellt wurde. Die Fassadenstudie war frei von jeder Nützlichkeitsüberlegung und beschäftigte sich hauptsächlich mit formalen Fragen wie: Welche Wirkung erzeugt eine bestimmte Struktur zur Straße hin? Wird eine Fassade als Fläche oder doch auch als ein Körper wahrgenommen?

Mit seinen Modellarbeiten zur Architektur und zum Städtebau erarbeitet sich Brunner einen persönlichen Informationspool, der sich zum einen aus seinen Beobachtungen in Rom und Dresden speist, dann aber auch aus seinen Auseinandersetzungen mit Gesellschaftstheorien und Architekturtraktaten. Für Betrachtende bleiben diese Quellen aber unzugänglich, und die Park- und Stadtmodelle erweisen sich in ihrer improvisierten Formgestaltung als ein ironisches Spiel mit der Frage, wie der öffentliche Raum zu gestalten sei und welche Aufgaben er zu erfüllen habe. Die skulpturale Arbeit des Künstlers zeigt sich als eine fabulierende, spekulierende Tätigkeit, in die nicht nur persönliche Beobachtungen, sondern auch fremde Theorien über den Gegenstand einfließen. Die intuitive Formarbeit mit dem Material dient dann dazu, diese zu klären und eigene Ideen zur Veränderung und Weiterentwicklung des Themas hervorzubringen.

Modelle zu Zeit und Zeitmaschinen

Um 2009 beschäftigt sich Brunner mit einem weiteren
Aspekt menschlicher Grunderfahrung: mit der Zeit.
Wieder entwickelt der Künstler Dutzende kleiner
Einzelmodelle, dann eine *Modellsammlung für Zeitar-
chitekturen,* aus denen schließlich eine Serie von
Zeitmaschinen entsteht.[3] Die Modellarbeit dient auch
hierbei der Verbindung der eigenen Erfahrung mit
wissenschaftlichen Theorien. So bezieht sich Brunner
in den Zeitmodellen auf einen Text des Physikers
Hermann Minkowski, in dem dieser die Idee des
Raum-Zeit-Kontinuums vorstellte. Der 1908 geprägte
Begriff und die damit verbundene Überlegung, dass
Raum und Zeit nicht unabhängig voneinander verstanden werden können, war nicht nur für die Weiterentwicklung von Einsteins Relativitätstheorie von Bedeutung, sondern fand auch bei Avantgardekünstlern und
-theoretikern wie Theo van Doesburg, Anton Pevsner
oder Sigfried Giedion[4] große Beachtung. Die Relativitätstheorie und ihre Weiterentwicklungen sind allerdings höchst spezialisierte physikalische Denkmodelle,
die jede konventionelle Vorstellbarkeit übersteigen.
Die für die Theorien entwickelten Begriffe wie „Schwar-
ze Löcher" und „Weiße Zwerge", „Pulsare" und „Un-
schärferelation", oder die von Stephen Hawking einge-
führte „imaginäre Zeit" flossen aber schnell in Produkte
der Unterhaltungsindustrie ein. Sie sind in Filmen
und Videospielen beliebte Elemente geworden, die die
Erzählungen aus den Zwängen von Raum und Zeit

---

3 Die Modelle der Zeitarchitekturen wurden 2009 in der Ausstellung *Hannes Brunner: A la recherche du temps gagné* im Kunsthaus Pasquart in Biel ausge-stellt. Die gleichnamige Publikation erschien zeitgleich im Verlag für moderne Kunst, Nürnberg.
4 Vgl. Sigfried Giedion: *Raum, Zeit, Architektur,* Ravensburg 1965. Erstmals 1941 auf Englisch erschienen.

lösen. Entsprechend wurden auch visuelle Muster erfunden, um etwa den Transfer in andere Dimensionen oder das Verschwinden in Schwarzen Löchern zur Darstellung zu bringen.

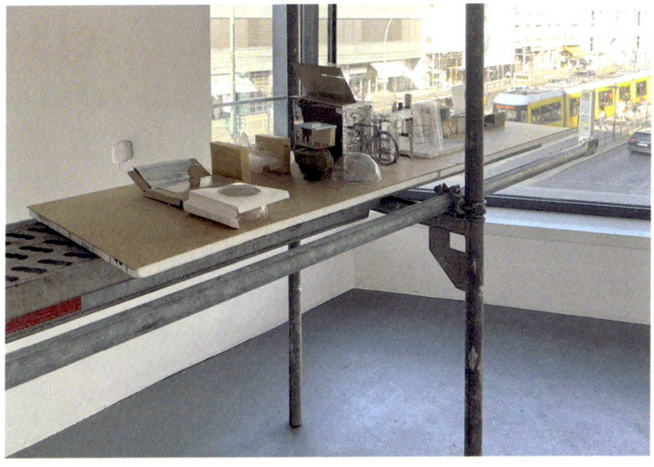

Hannes Brunner: *Modellsammlung für Zeitarchitekturen*, 2009, verschiedene Materialien. Ausstellungsansicht Kunstverein Rosa-Luxemburg-Platz Berlin 2022. Besitz des Künstlers

Auch Hannes Brunner spielt in seinen Zeitarchitekturen mit der Versinnbildlichung der Idee der Zeit. Wenn er zwei Schaumstoffklötzchen mit einer Papierfläche verbindet, darauf ineinander verschlungene Papierstreifen platziert und dieses als ein *Modell zum Raum zwischen den Zeiten* betitelt, dann lässt dies etwa an die Unterscheidung zwischen realer Zeit und imaginärer Zeit denken, wie sie Stephen Hawking vorgeschlagen hat. Vielleicht ist es aber gar nicht notwendig, sich auf die Untiefen der Relativitätstheorie einzulassen. Dann wäre das in diesem Papierknäuel formulierte Problem ein Hinweis auf den bereits von Aristoteles untersuchten Ablauf von Vergangenheit, Gegenwart und Zukunft und stellt die Frage, wo und wann genau sich diese drei Zeitdimensionen berühren und ineinander übergehen. Die Papierfläche mit den Streifenspiralen wäre so gesehen eine Versinnbildlichung für das Hier und Jetzt und markierte jenen ultrakurzen Moment, in dem die Zukunft nicht mehr und die Vergangenheit noch nicht ist, also die Gegenwart. Die Titel weiterer Objekte wie *Vitrine für Zeitschlaufen* oder *Modell zur Verwechslung der Dimensionen (die Tankstelle als Tisch)* verführen die Betrachtenden zu weiteren freien Spekulationen über das Phänomen der Zeit.

Aus den oft nur handflächengroßen Zeitmodellen entwickelte Brunner elf *Zeitmaschinen*, in denen die Inszenierung eine andere Größendimension annimmt. Thematisiert werden in dieser Serie die *Navigation durch die Zeit,* die *Geschwindigkeitsunschärfe, Gleichzeitigkeiten* oder auch nur die *Geschwindigkeit des Erzählens.* Brunner bezieht sich bei seinen Untersuchungen auf vielfältige Quellen, etwa auf H.G. Wells' Roman *The Time Machine* (1895), auf Aristoteles' Überlegungen zum Phänomen Zeit, aber auch auf das Kinderspiel „Reise nach Jerusalem", in dem nur die Reaktion und Geschwindigkeit der Mitspielenden darüber entscheidet, wer beim Abbruch der gespielten Melodie – diese gleicht dem Abbruch eines Zeitprozesses – auf oder neben den Stühlen zu sitzen kommt.

Fünf der elf Modelle hat Brunner in reale Zeitmaschinen vergrößert. Die Installation *mach 5* etwa besteht aus einem Türrahmen, der sich in einen auseinandergezogenen, verdrehten Raum öffnet, der halb eine zeitliche Erfahrung, halb einen Verkaufsstand im Raum darstellt: eine Raum-Zeit-Konstellation. Die Konstruktion ist mit durch Metallklemmen fixierte Latten, Kartonplatten und Styroporelementen mehr in den Raum skizziert als konstruiert und bleibt ebenso fragil wie die Vorstellungen von Zeit.

Die Maschine trägt den Titel *Phönix, die Sprechblase,* und Hannes Brunner schreibt dazu: „Unsere Erinnerung nimmt einen eigenen Zeitfluss an und kann den Raum definieren. Das aus der Erinnerung Erzählte dehnt und überlappt sich und löst sich von jeglicher Messbar- und Vergleichbarkeit. Es kombiniert Reales mit Gespiegeltem. Die Passage ist verspiegelt und von der einen Seite zum Aufstieg einladend. Von der anderen Seite zeigt sie sich als Marktstand."[5] Damit legt der Künstler offen, dass er sich mit seinen „Modellen zur Zeit" nicht nur an der Relativitätstheorie abarbeitet, sondern auch daran, wie sich das Zeitphänomen als Wahrnehmungserfahrung präsentiert, in der das Zusammenwirken von Erinnerungen, Zukunftsvisionen und Bewusstsein eine Vorstellung von Zeit konstituiert.

Auch bei Brunners *Zeitmaschinen* handelt es sich um Modelle. Die Stühle der *Reise nach Jerusalem* stehen nicht zum Sitzen zur Verfügung und die Durchgänge der Zeitmaschinen sind nicht wirklich zu begehen. Die Installationen sind vielmehr komplexe Konstruktionen voller Verweise auf Durchgangssituationen, die wie eine Theaterkulisse oder ein Filmset einen fiktiven Raum aufspannen für eine fantastische Reise ins Reich der Zeitverschiebungen. Wer dank seiner Vorstellungs-

5 Hannes Brunner: *A la recherche du temps gagné,* Nürnberg 2009.

kraft – und nur dank dieser ist dies überhaupt möglich
– den Schritt in Brunners Zeitmaschinen wagt, findet
sich plötzlich wieder in einem Leerraum der Zeit, der
zurück in die Zukunft oder in andere fantastische, von
der Unterhaltungsindustrie geöffnete Zeiträume führt.

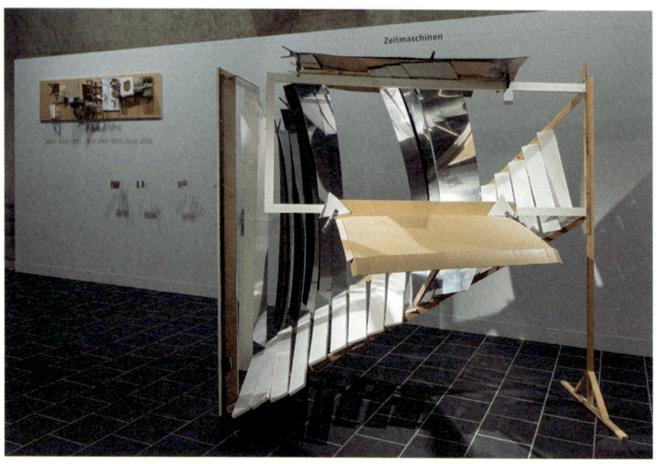

Hannes Brunner: *mach 5 – Phönix, die Sprechblase*, 2009,
Türrahmen, Holzlatten, Karton und andere Materialien. Ausstellungsansicht Kunstmuseum Thurgau 2023. Besitz des Künstlers

Modelle der Mediengesellschaft

Parallel zur Auseinandersetzung mit Phänomenen wie
Raum und Zeit beschäftigt sich Hannes Brunner bei
seiner Modellproduktion immer wieder auch mit Fragen
der Gesellschaft und der Kommunikation. 1997 lud
er für die Arbeit *One Life, One Mile: in Rome* Bewohne-
rinnen und Bewohner der Vorstadtsiedlung Corviale
ein, mit von ihm zur Verfügung gestellten Videokame-
ras ihr eigenes Bild ihres Lebensumfeldes zu gestalten.

Diese Arbeit sollte nicht nur der Wahrnehmung der modernen Architektur dienen, sondern auch die einheimischen Jugendlichen ermächtigen, ihre eigene gesellschaftliche Wirklichkeit und den Einfluss der Architektur in Bildern zu reflektieren. Für die Präsentation im Kunstkontext ließ Brunner dann ein Modell des Wohnblocks im Maßstab 1:100 produzieren, das sowohl als Sitzbank zum Betrachten der Videos diente wie auch als Veranschaulichung der baulichen Situation. Hier ist das Modell gleichzeitig Analyseinstrument in einer soziokulturellen Untersuchung. Außerdem fungiert es als Ausstellungsmöbel und Teil einer Kunstinstallation, in der es als Zeichen auf den Ort der untersuchten Fragestellung verweist.

Eine vergleichbare Doppeldeutigkeit zeichnet die Installation *Suburban Entity* aus. Die am treffendsten mit „Vorstädtische Wohneinheit" zu übersetzende Arbeit präsentiert sich in Ausstellungen in Form von halbrunden Architekturen, in die Videos projiziert werden.

Die Hütten bestehen aus Sperrholzplatten, Metallfolien und Wellplastikplatten, die mit Klettverschlüssen und Kabelbindern mehr schlecht als recht zusammengehalten werden. Sie erinnern an übergroße Puppenstuben, futuristische Hundehütten oder an Miniaturausgaben von Militärbaracken. Gerade so dimensioniert, dass ein Aufenthalt darin zwar möglich, aber recht ungemütlich wäre, müssen auch diese sonderbaren Behausungen als Modelle interpretiert werden, die je nach Perspektive als Metaphern für die architektonische Qualität von Vorstadtsiedlungen oder als Vision eines Habitats in einer zukünftigen Mediengesellschaft verstanden werden können.

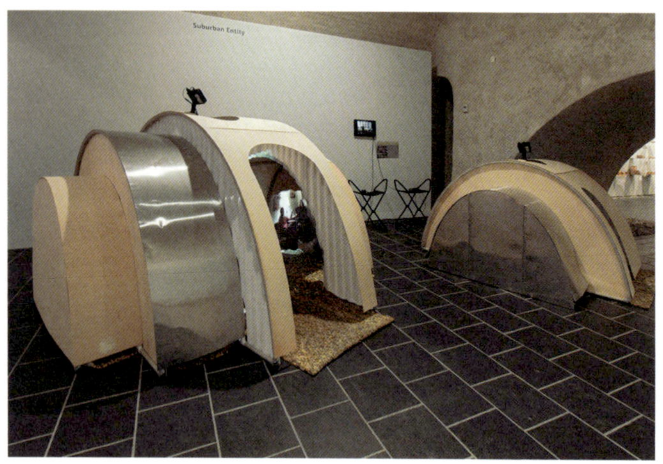

Hannes Brunner: Zwei Elemente aus *Suburban Entity*, 2002, Installation. Ausstellungsansicht Kunstmuseum Thurgau. Besitz des Künstlers

In den in den Hütten gezeigten Kurzfilmen spielen Menschen aus Vorstadtsiedlungen selbstgewählte Rollen aus Vorabendserien wie *Lindenstraße* oder *Gute Zeiten, schlechte Zeiten* nach. Mit seiner Einladung, an einem Video mitzuwirken, verführt Brunner seine Mitspieler dazu, die für sie wichtigen Rollenmodelle zu offenbaren. Im improvisierten Spiel geben sie Einblick, wer sie gerne wären und wie sie gerne leben würden, wenn sie frei wählen könnten. Wer ist denn schon mit seinem eigenen Leben zufrieden in Anbetracht alternativer Lebensentwürfe, die in der Mediengesellschaft täglich frei Haus geliefert werden?

Und sind es heute nicht die von der Kulturindustrie produzierten Serien, die die Wertvorstellungen großer Teile der Bevölkerung entscheidend prägen?

Mit seiner Kombination eines durchaus auch ironisch zu verstehenden Raum- und Gesellschaftsmodells einer Vorstadtgesellschaft mit ihren mehr gespielten als gelebten Lebensentwürfen erzeugt Brunner eine waghalsige Themenmischung aus Architektur, Soziologie und Ästhetik, mit der er über alle Bereichsgrenzen hinaus danach fragt, wie Menschen ihr Leben gestalten und woher sie die Werte beziehen, an denen sie sich orientieren. Nach der Jahrtausendwende thematisiert Brunner in weiteren Projekten die Einflüsse der Medienentwicklung auf Wahrnehmung und modellhafte Vorstellungen. Mit den *Receiving Projects* – einer Serie von aus Schaumstoff nachgebildeten Satellitenschüsseln – oder mit *Search Engine's Bodily Reply* – einer Suchmaschine, die Schnittmusterbogen für den Bau von Bildkörpern produzierte – schuf der Künstler weitere Arbeiten, die den Einfluss von Internet und globalen Kommunikationsangeboten auf die menschlichen Vorstellungen von Raum, Zeit und Kommunikation thematisierten.

Gesellschaftstheater

Auch jüngste Arbeiten von Hannes Brunner haben Modellcharakter, wenngleich es sich auf den ersten Blick eher um Performances oder Kunstaktionen im öffentlichem Raum handelt. In Aktionen wie *Die Debatte* (2016) oder *Trash & Value* (2022) inszenierte er zusammen mit weiteren Beteiligten auf Plätzen in Berlin scheinbar sinnlose Spektakel, in denen aktuelle politische Fragestellungen aufgegriffen wurden.

Die Aktion mit dem Titel *Die Debatte* bestand aus dem Aufbau einer potenziellen Diskussionsbühne. Einige Helferinnen und Helfer rollten auf einem Platz zwischen Kanzleramt und Reichstag in Berlin drei schwungvoll geformte Teppiche aus, platzierten mehrere Stuhlreihen, bauten eine Audioanlage auf und führten einen Soundcheck durch. Dann geschah – nichts! Eine Debatte fand nicht statt. Nach jeweils vier Stunden Aktionszeit wurden Panel, Stühle, Teppiche und Tonanlage wieder weggeräumt. So wie ein Architekturmodell ein noch zu erstellendes Gebäude vorwegnimmt, so verwies die Diskussionsinfrastruktur auf eine noch zu führende Debatte. Das Hauptereignis der Aktion war nicht die Auseinandersetzung mit einer politischen Frage, sondern bestand in der Inszenierung einer Bühne dafür. Das leere Gesprächssetting deutete – wie ein Modell – lediglich das Potenzial möglicher Debatten an, ohne dass der Künstler diese realisieren würde. Der Ort der Präsentation dieser nie stattfindenden Debatte zwischen Kanzleramt und Reichstag in Berlin, also an einem der Hotspots politischer Entscheidungen in Deutschland, verlieh diesem gespielten Modell politischer Verhandlung eine gewisse Sprengkraft, nicht in Form von inhaltlichen Forderungen, sondern als Verweis auf all die nicht oder falsch geführten Debatten über wichtige Themen, bei denen sich öffentliche Verhandlungen nur zu oft als ein Markieren von Machtpositionen erweisen. Und wer in Betracht zieht, dass in Berlin jedes Jahr mehrere hundert Demonstrationen stattfinden, der kann Brunners Inszenierung durchaus auch als dadaistische Spiegelung der Sinnlosigkeit solch politischer Äußerungen im öffentlichen Raum interpretieren.

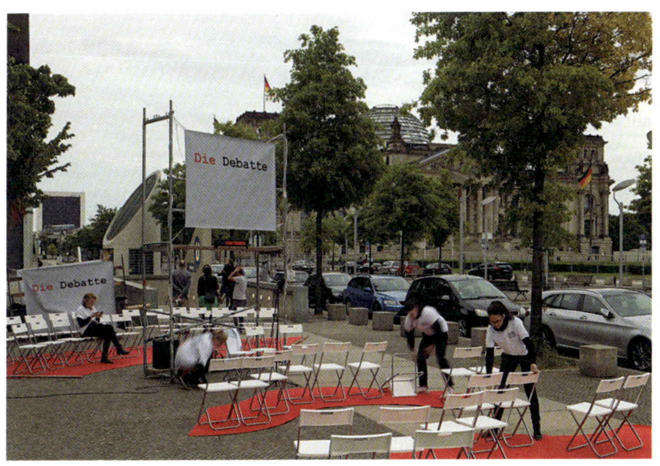

Hannes Brunner: *Die Debatte,* 2016, temporäre Installation mit Stühlen, einem Podium und Platzanweisern. Ansicht: Inszeniert zwischen Bundestag und Kanzleramt, Berlin

Gestische Stegreifmodelle

Neben seinen Arbeiten in öffentlichen Räumen betreibt Hannes Brunner sein „Kartonschnitzen" im Atelier bis heute unvermindert weiter. Der Künstler nennt diese Werke „gestische Stegreifmodelle", was zum einen auf die notwendige Bewegung der Hand für deren Produktion und zum anderen auf die Beiläufigkeit der Herstellung derselben hinweist.

Für diese Modelle benutzt Brunner wie bei seinen Arbeiten der 1990er-Jahre vorzugsweise Wellkarton. Das Material ist überall verfügbar und lässt sich mit einfachsten Mitteln zu vielfältigen Formen zusammenbauen. Der Einsatz von Wellkarton als Material ist bei Hannes Brunner zudem inhaltlich aufgeladen. Erfunden im 19. Jahrhundert, trat der Stoff – mit der Entwicklung der Warengesellschaft – als Verpackungsmaterial einen

Siegeszug rund um die Welt an. Mit wenigen Ausnahmen, etwa dem von Frank Gehry entworfenen Wiggle
Side Chair, wird Karton heute hauptsächlich als Umhül-
lung genutzt, die während Transport und Lagerung
temporären Schutz bietet. Wellkarton ist ähnlich wie
die Plastiktasche ein Symbol für ein statusloses,
dienendes Material, das, obwohl allgegenwärtig vorhanden, kaum eigenen Ausdrucksanspruch besitzt.
Dies macht ihn für Hannes Brunner zu einem idealen
Ausgangsmaterial für eine skulpturale Recherche.
Die Handarbeit des Künstlers und die in ihn investierte
Fantasie verwandelt den weggeworfenen Verpackungs-
müll in eine Skulptur, die allerdings nur wenig gemein
hat mit dem Materialpathos von historischen Bronze-
plastiken oder dem veredelnden Einsatz von Industrie-
materialien bei den Minimalkünstlern. Bei Brunner
hat Kunst ihren Ewigkeitsanspruch verloren und zeigt
sich eher als ein Improvisieren im Hier und Jetzt,
als eine gleichermaßen verzweifelte wie lustvolle Suche
nach Gewissheiten in einer Welt, die trotz oder gerade
wegen der umfassenden Verfügbarkeit von Informationen unüberschaubar geworden ist.

Die gestischen Stegreifmodelle sind für Brunner ein
Instrument, um mit der Informationsflut umzugehen
und sie für sich zu ordnen. In ihnen überführt er eigene
Beobachtungen und die Auseinandersetzung mit
Texten – etwa mit dem *Leviathan* von Thomas Hobbes
– oder eine Theorie des griechischen Theaters in
dreidimensionale Formkonstellationen, in denen Ideen
und Begriffe in sinnlich fassbare, im wahrsten Sinn
begreifbare Settings umgegossen werden. Gelesenes
und somit weitgehend abstrakte Vorstellungen erhalten
eine Darstellung im Bereich des Visuellen und Hapti-
schen. Ein aufragender Kartonstreifen auf einem

bühnenartig gefalteten Kartonstück verweist so auf
die Vorstellung des deus ex machina – auf das im
Theater der Antike inszenierte Erscheinen einer Gott-
heit aus den Kulissen als Retter oder Retterin in
der Not –, oder aber der Künstler überführt seine Ideen
aus Thomas Hobbes' Gesellschaftsvertrag in eines
seiner Modelle.

Brunners freien Übersetzungen von Ideen in Formen
entziehen sich allerdings einer eindeutigen Lesbarkeit.
Da die gestischen Stegreifmodelle keinem erkennbaren
Formvokabular folgen, geben nur die Titel der Arbeiten
Hinweise, auf welche Ideenkomplexe sie sich beziehen.
Da ist zum Beispiel zu lesen:

*Gesellschaftsvertrag (Thomas Hobbes) in einer Box,
Zwei Versionen vom Beobachten der künstlichen
Intelligenz in Dir* oder *Drei fliegende Teppiche in
Warteposition über Türrahmen.*

Selbst wenn mit diesen Titeln ein inhaltlicher Kontext
definiert ist, bleibt vieles in der Schwebe. Diese Undeut-
lichkeit ist vom Künstler durchaus gewollt, meinte er
doch schon 1994: „In Modellwelten lassen sich Erklä-
rungen durchspielen. Man experimentiert mehr, als
man simuliert. Kartenhäuser, Wände imitierend. Etwas
beredt machen, anstatt zu bereden. Wege zwischen-
durch, Schleusen, geometrische, lineare Projektionen.
Metaphorische Schieberei, Replikate, Barrieren, Schein-
wände."[6] Das Agieren mit Modellen erweist sich als
ein bewusst experimentelles Suchen im Unbestimmten, das auf die Eigenwilligkeit des Modells vertraut.

6 Hannes Brunner: „Stadtwände", in: *Der Entwurf,* Heft 1 (1996), S. 35.

Die Übersetzung abstrakter Gedankengebäude in eine materielle Realität öffnet einen ungeregelten Blick auf Alltägliches wie Raum, Zeit und Kommunikation, das neu gesehen werden will, neu im Sinne von Jean-François Lyotard, der meinte: „Das einzige unveränderliche Kriterium, dem das Werk heute unterliegt, ist nun aber, ob sich darin etwas Mögliches zeigt, womit noch nicht experimentiert worden ist, das also noch keine Regeln hat – etwas Mögliches für die Empfindung oder die Sprache."[7]

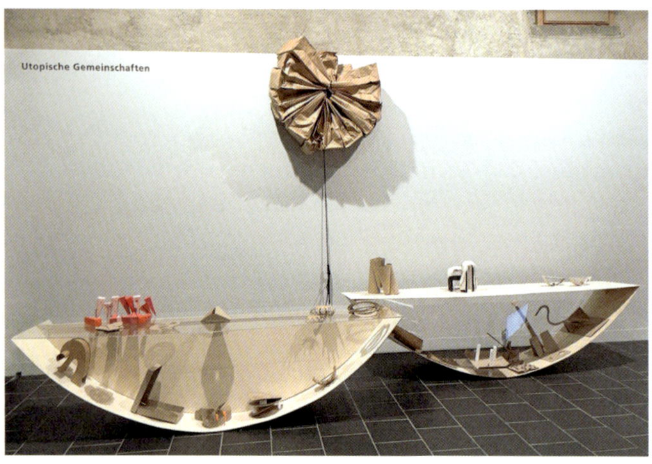

Hannes Brunner: *Utopische Gemeinschaften*, 2022, drei Teile und Stegreifmodelle, Braunpapier, Karton, Acrylglas und Sperrholz. Ausstellungsansicht Kunstmuseum Thurgau 2023

Brunners Experimente erweisen sich so als eine Art Verschiebebahnhof von Ideen, die aus dem Abstrakten ins Materielle und von da in den Inszenierungsraum des Museums transferiert werden. Dabei setzt Brunner

7 Jean-François Lyotard: *Philosophie und Malerei im Zeitalter ihres Experimentierens*, Berlin 1986, S. 72.

das Modell in unterschiedlicher Weise ein: als Instrument zum Verständnis von Theorien, als Mittel zur Entwicklung eigener Vorstellungen sowie zu guter Letzt als modellhafte Darstellung eines Themas, das dem Publikum zur Auseinandersetzung dienen kann. Dieser Prozess führt vom Gedankenmodell über das Entwurfsmodell, das bei der eigenen Analyse und Klärung von Ideen hilft, zum Kunstwerk, das als neues Original trotzdem Modell bleibt. Jeder dieser Modelleinsätze unterliegt eigenen Gesetzmäßigkeiten und Erkenntnismöglichkeiten.

Im Museumsraum werden Brunners Modelle zu Kunstwerken und erhalten hier eine Bühne, auf der sie als Instrumente einer grundsätzlichen Befragung von Darstellbarkeit und Wahrnehmbarkeit auftreten. Nicht zuletzt geht es immer auch darum, Einsatz und Funktion von Modellen, von Kunstwerken überhaupt zu hinterfragen. In der Kunst ging es schon immer darum, sich ein Bild der Welt zu machen und gleichzeitig darüber nachzudenken inwieweit dieses Bild eine Täuschung ist. Brunners Modelle entwerfen im doppelten Sinne ein Bild der Welt: als Versinnbildlichung von Ideen über Raum, Zeit und Gesellschaft wie auch als Entwurf einer Alltagssicht auf diese Phänomene. In ihrer Improvisiertheit verweisen Werke dabei auf ihr „Gemacht-Sein", ihre Künstlichkeit hin, was immer auch eine Fehlerhaftigkeit miteinschließt und die Tatsache unterstreicht, dass ein Bild nur ein Bild, ein Modell nur ein Modell ist. Von da aus kann dann ein neuer Leseprozess von Modell und Wirklichkeit durch das Publikum beginnen.

Markus Landert (*1958) studied history of art at the University of Zurich and worked as a journalist. Since 1992, he has been Director of the Thurgau Art Museum in Kartause Ittingen, where he is also responsible for running the Ittingen Museum, with its focus on cultural history. He has curated exhibitions involving such internationally renowned personalities as Joseph Kosuth, Marina Abramovic, and Janet Cardiff and gained a reputation as a specialist for the art of the outsider.

Drafting Facilities –
Thinking with Models

Markus Landert

Working with models plays an important role in the oeuvre of Hannes Brunner. He often uses the word model in his titles to describe his works, as exemplified by *Park-Anlagen – ein Projekt mit 50 hypothetischen Modellen* (Public Parks – a Project with 50 Hypothetical Models) in 1994 and *Modellsammlung für Zeitarchitekturen* (A Collection of Models of Time Structures) in 2008. In a text written for the exhibition *Entwurfsanlagen* (Drafting Facilities) in the Kunstverein am Rosa-Luxemburg-Platz in Berlin and Kunstmuseum Thurgau in 2022/23, the artist states: "I have been using models as a means of examining the varying circumstances of cognitive construction and its gestural expression in my sculptural works since quite some time."[1]

There is, however, a basic question: What is a model and what function does it have? Science, architecture, art, and mathematics clearly have different ideas about how models are created and used. But all these ideas are united by the assumption that there is a relationship between models and the "objects" that they reflect, a relationship that can be variously described as an analogy, a representation, or a reflection that is created according to specific rules. Models

1 Hannes Brunner: Project description for the concept *Entwurfsanlagen. hot / front desk +,* typescript 2022, p. 2, transl. by Rupert Hebblethwaite.

appear as objects, images, theories, or even formulas. They contain information about real or imagined phenomena and make this communicable.[2] Hence, models refer to something similar in a different form, represent an original, and depict complex realities in a reduced manner that enables these to be imaginable, imagined, and communicated. Scaled changes of dimension, abstraction, rectification, or densification are the tools used in this process. So how do the sculptural works of Hannes Brunner fit into this idea of the model? What are the realities to which they refer, and what conclusions can be drawn?

Walks through the city

The work *Parkanlagen,* which was created in Rome in 1994, consists of 50 cardboard structures that work in a similar way to architectural models. Hannes Brunner translated impressions of his strolling expeditions through public walks into a series of carvings made from cardboard, which reinvent fictive gardens and urban settings such as motorway flyovers or children's playgrounds and are all based on things that he has seen. He seamlessly carries over his observation of historical places into an examination of the question of how public space should be shaped to serve people. In contrast with traditional architectural models, which transpose precise plans and elevations into three-dimensional ductile objects, Brunner's cardboard structures pursue an unfettered fascination for ideas and forms that is rooted in the drafting tradition of classical

2 On model theories cf. Reinhard Wendeler: *Das Modell zwischen Wissenschaft und Kunst,* Munich 2013, or Herbert Stachowiak: *Allgemeine Modelltheorie,* Vienna / New York 1973.

sculpture. Before sculptors carved their figures out of the block of stone, they tested their ideas in three-dimensional sketches or so-called Bozzetti. Usually made from clay, wax, or plaster, the key features of these were their simple shapeability and the affordability of such materials, while their longevity was unimportant. In the case of Hannes Brunner, these traditional drafting materials are replaced by the universally available packaging board and the direct work with knife and cutter. These lend his sculptural shaping process the appearance of unrestrained material-based fantasizing.

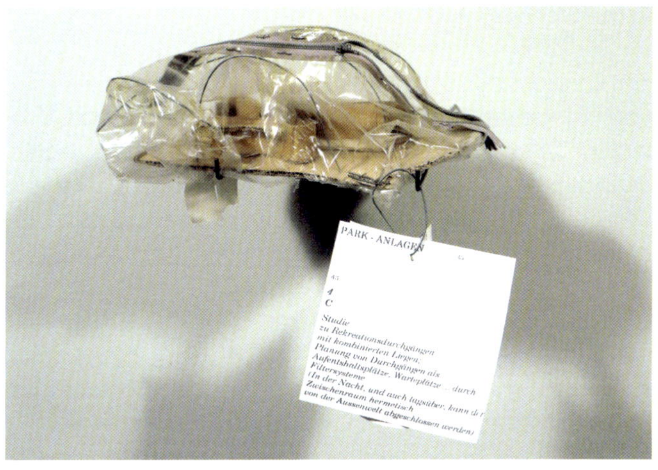

Hannes Brunner: *Public Parks – a Project with 50 Hypothetical Models*, 1994, cardboard and other materials. View of exhibition in Thurgau Art Museum, 2023

Hannes Brunner's sculptural modelmaking goes beyond purely formal games, as we can read from the complex information about the objects on the labels that are added to the carvings. Examples of this include

"Hintergärten mit Mülldeponie und Spiralaufgang" (Back Gardens with Garbage Dump and Spiral Staircase), "Reliefstudie für spannende Spaziergänge" (Relief Study for Fascinating Walks), or "Skulpturale Studie mit verhüllter Back-Ground-Szenerie und Tageschau-Sprecher-Tisch (zur Steigerung des subjektiven Selbstwertgefühls)" (Sculptural Study with Veiled Background Scenery and Newsreader's Desk (for Increasing Subjective Self-esteem)). Such inscriptions and a cryptic organizational system refer to a Park Theory that, however, remains fictional and hard for observers to understand.

In the work group *Stadtwände* (City Walls), which was produced a year later, Brunner's investigation of architecture and urban planning is even more differentiated. In addition to a series of analytical drawings, this includes four groups of models that address approaches to facades and spaces in the city. Brunner uses the objects entitled *Büchsenstadt* (Can Town), *Bogensilhouette* (Arch Silhouette), *Festarchitektur* (Ceremonial Architecture), and *Moderne Siedlung* (Modern Estate) to trigger a theoretical discussion, in which he raises fundamental questions about how we deal with public spaces. These objects combine individual models into larger elements in which, together, they are able to raise an issue more comprehensively. Thus, the artist investigates the basic principles of urban thinking by testing the ability of bodies and surfaces to occupy and shape space, acting out the use of facade elements, or questioning the social function of temporary and permanent buildings.

Brunner's work with models reached a new dimension in his realization of the work *Stadtwand* (City Wall) in Dresden. He placed a facade construction made from scaffolding, cardboard elements, and plastic sheeting on an empty plot in the city for several months in order to investigate the possibility of a building and the reality of a facade. This temporary installation was also a model, albeit a model whose dimensions were very close to those of a real building. Despite being a concrete form executed in the urban realm, it remained a model because it merely referred to a hypothetical reality that was put up for discussion by the temporary construction. Free from any consideration of utility, the facade study principally addressed formal questions such as: What impact does a certain structure have on a street? And: Is a facade perceived as a surface or more as a body?

With these model-based works that address architecture and urban planning, Brunner is compiling a personal information pool that is fed, on the one hand, by his observations in Rome and Dresden and, on the other hand, by his analysis of social theories and architectural treatises. For observers, however, these sources remain inaccessible and his extemporaneously shaped park and city models turn out to be ironic responses to the questions of how public space should be designed and which roles it should fulfill. The sculptural work of the artist appears to be an inventive, speculative activity, which incorporates not only personal observations but also extrinsic theories about the object. The intuitive work of shaping the material enables him to clarify these theories and generate his own ideas about adapting and further developing the question.

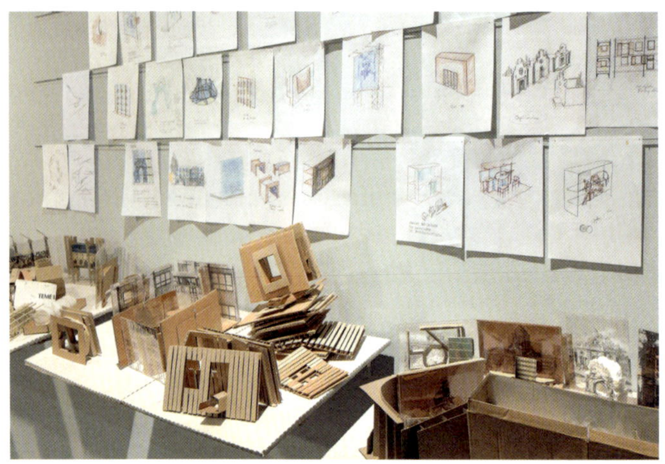

Hannes Brunner: *Stadtwände, drawings and groups of models,* 1995/96.
View of exhibition in Thurgau Art Museum, 2023

Models about time and time machines

Around 2009, Brunner begins to address a further basic
aspect of the human experience: time. Once again, the
artist develops dozens of separate small models and,
then, his *Modellsammlung für Zeitarchitekturen*
(Collection of Models for Architectures of Time), which
eventually forms the basis for a series of time machines.[3]
This work with models also helps him to establish
connections between his own experience and scientific
theories. Thus, Brunner's time models are a reference
to a text in which the physicist Hermann Minkowski
presented the idea of the "space-time continuum".

3 These time models were shown in 2009 in the exhibition: *Hannes Brunner:
A la recherche du temps gagné* in Kunsthaus Pasquart in Biel. The publication
of the same name was published at the same time by the Verlag für moderne
Kunst, Nuremberg.

This term, which was coined in 1908, and the related observation that space and time cannot be understood independently of one other, was not only important for the development of Einstein's Theory of Relativity but also attracted a lot of attention amongst avant-garde artists and theorists such as Theo van Doesburg, Antoine Pevsner, or Sigfried Giedion.[4] However, the Theory of Relativity and the further theories that followed it are highly specialized physical hypotheses that exceed the bounds of conventional comprehension. The terms developed in parallel with such theories, such as "black holes" and "white dwarfs," "pulsars," and the "uncertainty principle" or the notion of "imaginary time" introduced by Stephen Hawking, were rapidly incorporated into the products of the entertainment industry. Given their ability to liberate the narrative from the constraints of space and time, they have become popular elements in films and video games and appropriate visual patterns have been developed in order to represent, for example, a transfer into another dimension or a disappearance into a black hole.

In his time structures, Hannes Brunner also plays with the symbolization of the idea of time. When he combines two blocks of plastic foam with a paper surface, covers these with two interwoven strips of paper and titles the result a *Modell zum Raum zwischen den Zeiten* (Model of the Space between the Times), he is recalling the differentiation between real and imaginary time proposed by Stephen Hawking. Perhaps it is not even necessary to try and understand the depths of the Theory of Relativity. For the problem formulated in this tangle of paper refers to the sequence of past, present,

4 Cf. Sigfried Giedion: *Space, Time and Architecture,* Cambridge, Mass.: Harvard University Press 1941.

and future as already investigated by Aristotle and asks where and precisely when these three temporal dimensions meet and flow together. Thus, the paper surface with the spiraling strips could be seen as symbolizing the here and now that marks the infinitely short moment in which the future is no longer the future and the past is not yet the past or, in other words, the present. The titles of further objects such as *Vitrine für Zeitschlaufen* (Vitrine for Time Loops) or *Modell zur Verwechslung der Dimensionen (die Tankstelle als Tisch)* (Model for Changing Dimensions (The Gas Station as Table)) tempt observers to speculate further, unrestrained, about the phenomenon of time.

Brunner developed these time models, which are often no larger than the palm of a hand, into eleven *Zeitmaschinen* (Time Machines), in which the mise-en-scène takes on another dimension. This series addresses *navigation through time, the blurring of speed,* and *simultaneities,* as well as, simply, *narrative rapidity.* Brunner's investigations refer to a wide range of sources, such as H. G. Wells's novel *The Time Machine* (1895) and Aristotle's reflections on the phenomenon of time, as well as the children's game "Reise nach Jerusalem" (Musical Chairs), in which the music suddenly stops – in a manner recalling the interruption of a time-based process – and only the players' reactions and speed determine whether they are sitting on or next to a chair.

Brunner expanded five of these eleven models into real time machines. For example, the installation *mach 5* consists of a doorframe that opens into an exploded, distorted space that is half temporal experience and half spatial sales stand: a space-time constellation.

With its battens, sheets of cardboard, and polystyrene elements, all held in place by metal clamps, the structure is more sketched than built in the space and remains just as fragile as our concepts of time. The machine is entitled *Phönix, die Sprechblase* (Phoenix, the Speech Bubble), and Hannes Brunner writes that: "Our memory adopts its own timescale and can define the space. A space that develops narrative from recollections, interweaves, and evades all measurement and comparison. It combines the real with the reflected. The passage is mirrored and invites us to ascend on one side. On the other side it reveals itself to be market stall."[5] Thus, the artist discloses that his "time models" enable him to not only deal with the Theory of Relativity but also present the phenomenon of time as a cognitive experience in which our memories, visions of the future, and awareness interact to constitute a notion of time.

Brunner's "time machines" are also models. The chairs in *Reise nach Jerusalem* should not be sat upon and the passages in the time machines should not really be entered. Rather, the installations are complex constructions full of references to transitory situations, which, like a theater backdrop or a film set, open up a fictive space for a fantastic journey into the world of shifting time. Anyone whose imagination allows them – and only this makes this possible at all – to dare to enter Brunner's time machines suddenly finds themselves in a temporal void that leads back to the future or to another fantastic period opened up by the entertainment industry.

5 Hannes Brunner: *A la recherche du temps gagné,* Nuremberg 2009, transl. by Rupert Hebblethwaite.

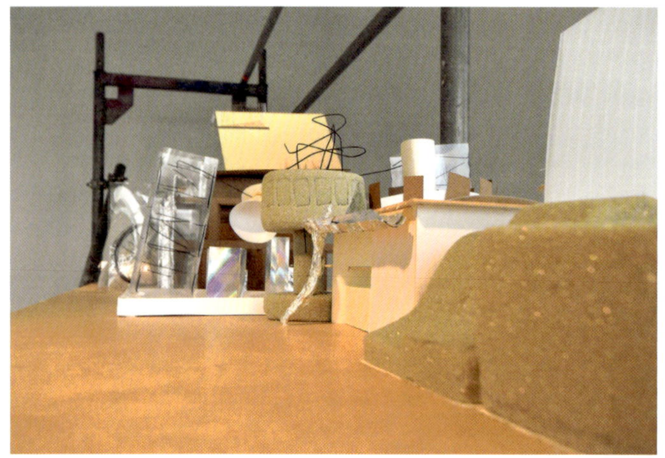

Hannes Brunner: *Collection of Models for Architectures of Time*, 2009,
View of exhibition at Kunstverein am Rosa-Luxemburg-Platz Berlin,
2022. Property of the artist

Models of the media society

In parallel with this exploration of such phenomena
as space and time, the models produced by Hannes
Brunner repeatedly address questions of society and
communication. In 1997, he invited the residents of the
suburban Corviale housing estate to participate in his
work *One Life, One Mile: in Rome* by creating their own
images of their living environment using video cameras
provided by him. The aim of the work was to not only
raise their own awareness of the modern architecture
around them, but also empower local young people to
reflect, visually, upon their own social reality and the
impact of buildings. In order to present these images in
an artistic context, Brunner then had a 1:100-scale

model of the block produced that acted as both a seat for viewing the videos and a visualization of the built setting. Here, the model is simultaneously an analytical instrument in a sociocultural investigation. It also functions as both exhibition furniture and part of an artistic installation, in which it symbolically refers to the physical setting of the issue that is under investigation. A similar ambiguity characterizes the installation *Suburban Entity,* which is found in exhibitions in the form of semicircular pieces of architecture, in which videos are projected.

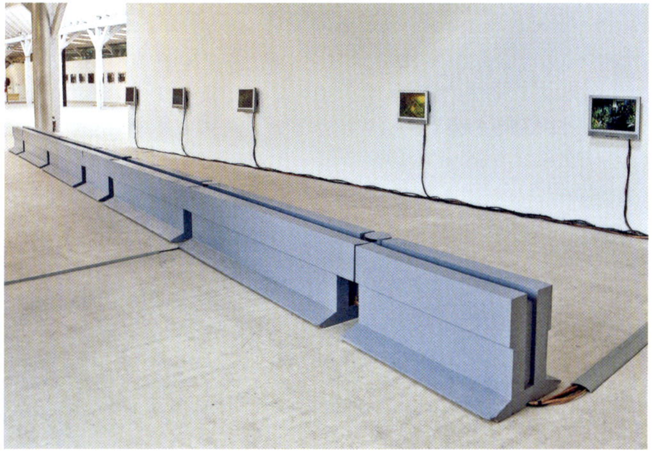

Hannes Brunner: *One Life, One-Mile: in Rome,* 1997–1998 / 2006. View of exhibition at Kunst(Zeug)Haus Rapperswil

These shelters are made of plywood sheets, metal foil, and corrugated plastic, crudely held together by velcro and cable binders. They recall oversized doll-houses, futuristic doghouses, or miniature versions of military barracks. Carefully dimensioned to make it possible, but extremely uncomfortable, to spend time within them, these peculiar shacks can only be interpreted as models that, depending upon one's perspective, can be understood as metaphors for the architectural quality of suburban estates or a vision of a habitat in a future media society.

In the short films projected in these shacks, inhabitants of suburban estates reenact roles that they have chosen for themselves from early-evening series such as *Everybody Loves Raymond* or *General Hospital.* By inviting them to participate in making a video, Brunner is encouraging his fellow participants to reveal the role models that are important to them. In the improvised performance, they offer insight into who they would like to be and how they would like to live if they could choose freely. For who is happy with their own life given the alternative lifestyles that the media society delivers into our homes every day? And is it not these series produced by the culture industry that decisively shape the values of a large section of the population? With this more than a little ironic hybrid spatial and social model of a suburban society, with its lifestyles that are more simulated that experiential, Brunner audaciously combines architectural, sociological, and aesthetic issues as a means of asking, across every functional border and beyond, how people shape their lives and where they find the values that offer them orientation. In a series of further post-Millennium projects, Brunner addresses the influence of media developments on perception and model-like concepts. In *Receiving Projects* – a series of models of satellite dishes made from foam – and *Search Engine's Bodily Reply* – a search engine that produces pattern

charts for the construction of image-based volumes –
the artist produced further works that addressed the
influence of the internet and global communication
providers on the human understanding of space, time,
and communication.

Social theater

The latest works by Hannes Brunner also have the
character of models, even if these initially seem more
like performances or artistic actions in the public realm.
In actions such as *The Debate* (2016) or *Trash+/-Value*
(2022), he joined other participants in public spaces
in Berlin to produce apparently meaningless specta-
cles, in which he addresses current political issues. The
action entitled *The Debate* involved the construction
of a potential discussion platform. Several helpers
unrolled three dynamically shaped carpets on a space
between the Kanzleramt and the Reichstag in Berlin,
arranged several rows of seats, set up an audio system,
and carried out a soundcheck. And then – nothing
happened! No debate took place. After an action lasting
four hours, the panel, chairs, carpets, and sound
system were tidied away again. In the same way that an
architectural model anticipates a building that has yet
to be built, the debate infrastructure referred to a
debate that had yet to take place. The main action
involved not the addressing of a political question but
the creation of a platform for doing so. The empty
discursive setting suggested – like a model – no more
than the potential for a possible debate, without this
being enacted by the artist.

The setting for the presentation of this debate that never happened between the Kanzleramt and the Reichstag in Berlin, in one of the hotspots for political decision-making in Germany, lent this staged model for political negotiation a certain brisance, not in the form of substantive requirements but, rather, as a reference to all those debates about important issues that are either hollow or don't even take place at all and in which the public discussion is often no more than a statement of positions of power. And if we consider that many hundreds of demonstrations take place in Berlin every year, we can clearly also interpret Brunner's production as a Dadaist reflection on the pointlessness of such political pronouncements in the public realm.

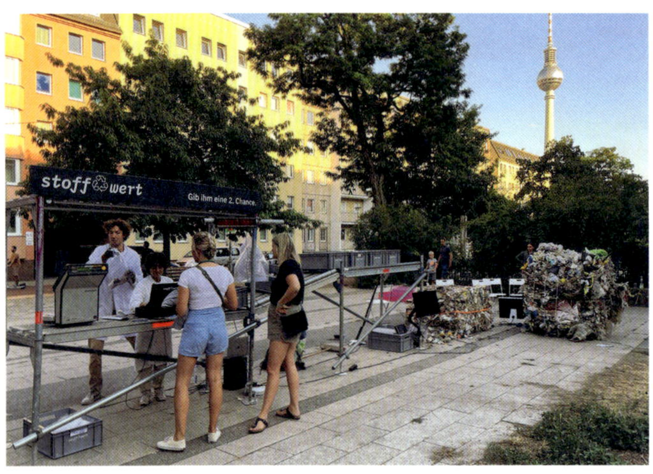

Hannes Brunner: *Trash+/-Value – Circular Economies,* 2022, time based installation with scaffolding and cubes of pressed single-us plastic, collaboration with Ivanna Heredia, Wolfgang Knapp, Jeremie Le Hénaff, Ulrike Mohr, Paul Ohnesorgen, Marina Resende and Jakob Wirth with stoff&wert, Olga Shalashova, Florian Techel, Alena Trapp, a.o. View of exhibition Schendelpark near Rosa-Luxemburg-Platz, Berlin

Gestural impromptu models

In addition to his work in public spaces, Hannes Brunner continues relentlessly producing his "cardboard carvings" in his studio. By calling these works "gestural impromptu models," the artist refers to both the hand movements that are essential to their production and the casualness of this process.

As in his works of the 1990s, Brunner's preferred material for the production of these models is corrugated cardboard. This is universally available and can be assembled to create a wide variety of forms using the simplest tools. Hannes Brunner's use of corrugated cardboard is also charged with meaning. Invented in the 19ᵗʰ century as a packaging material, this spread rapidly around the world – in parallel with the growth of the consumer society. With a few exceptions, such as Frank Gehry's Wiggle Side Chair, cardboard is still primarily used today as a wrapping material that offers temporary protection during transport and storage. Like the plastic bag, corrugated cardboard embodies an auxiliary material that has no status and, while universally available, is virtually free of expressive aspiration. This makes it an ideal initial material for Hannes Brunner's sculptural research. The manual work of the artist, together with the fantasy that he invests in the discarded packaging, transforms it into sculpture that has, admittedly, little in common with the material pathos of historic bronzes or the elegant use of industrial materials by minimalist artists. In Brunner's work, art has jettisoned its claim to eternity and prefers to reveal itself as an act of improvisation in the here and now, as a search for certainty that is as frantic as it is sensual in a world that has become unmanageable, despite or perhaps precisely because of the universal availability of information.

For Brunner, these gestural impromptu models are instruments for dealing with and organizing this flow of information. He overlays them with his own observations and analyses of texts – such as Thomas Hobbes's *Leviathan* – or with a theory taken from Greek theater realized as three-dimensional formal constellations, in which ideas and concepts are reshaped as sensually comprehensible and, in the truest sense of the word, tangible settings. Ideas that he has read and that are therefore largely abstract are portrayed as visual and haptic. Thus, a strip of card that emerges from a piece of cardboard that is folded to resemble a platform refers to the idea of the deus ex machina – the appearance in ancient Greek theater of a goddess from out of the scenery as a means of resolving an impossible situation –, or the artist transposes his ideas about Thomas Hobbes's Social Contract into one of his models.

However, Brunner's free translations of ideas into forms cannot be read unambiguously. Given that the gestural impromptu models are free of any recognizable formal vocabulary, only their titles offer a hint of the ideas to which they refer. We read, for example, about: *Gesellschaftsvertrag (Thomas Hobbes) in einer Box* (Social Contract (Thomas Hobbes) in a Box), *Zwei Versionen vom Beobachten der künstlichen Intelligenz in Dir* (Two Versions of the Observation of Artificial Intelligence in You), or *Drei fliegende Teppiche in Warteposition über Türrahmen* (Three Magic Carpets in a Waiting Position Over Doorframes).

Even if these titles define a substantive context, much remains unclear. This ambiguity is quite intentional, as the artist stated back in 1994: "Model worlds allow explanations to be tested. One experiments more than one simulates. Imitates houses of cards, walls. Making something eloquent rather than discussing it. Passages, airlocks, geometrical, linear projections. Metaphorical shifting, replicas, barriers, apparent walls."[6] This work with models proves to be a conscious experimental investigation in the indeterminate that relies upon the originality of the model. The translation of abstract constructs into material reality opens up an irregular view of everyday concepts such as space, time, and communication that want to be considered in a new way – new in the sense of Jean-François Lyotard, who wrote: "The only unchangeable criterion to which the work is subject today is, however, the question of whether it reveals something with potential, something that has yet to be experimented with and, hence, still has no rules – something with potential for our perception or language."[7]

Thus, Brunner's experiments turn out to be a form of marshaling yard of ideas, where they are transferred from the abstract into the material and, then, into the presentational space of the museum. In this process, Brunner uses models in a number of different ways: as instruments for understanding theories, as tools for developing his own ideas, and, last but not least, as exemplary means of presenting issues that can help the public to explore them. This process leads from the

6 Hannes Brunner: "Stadtwände", in: *Der Entwurf,* 1 (1996), p. 35, transl. by Rupert Hebblethwaite.
7 Jean-François Lyotard: *Philosophie und Malerei im Zeitalter ihres Experimentierens,* Berlin 1986, p. 72, trans. from the German translation by Rupert Hebblethwaite.

notional model, via the conceptual model, which helps one to analyze and clarify one's ideas, to the work of art, which, although it is a new original, remains a model. Each such use of models is subject to its own laws and cognitive possibilities.

In the space of the museum, Brunner's models become works of art and are given a platform upon which they can appear as instruments for fundamentally examining issues such as representation and perception. And, not least, we are constantly required to question the use and function of models, of works of art, in general. Art has always been about creating an image of the world and, simultaneously, examining the extent to which this image is illusory. Brunner's models develop such an image of the world in two senses: as a symbolization of ideas about space, time, and society and as a way of taking an everyday view of such phenomena. In their sense of improvisation, these works thus highlight their "constructedness", their artificiality, which also always allows a certain defectiveness, while underlining the fact that an image is only an image and a model is only a model. It is from this starting point that the public can begin a new process of reading model and reality.

Impressum / Imprint

Herausgeberschaft / Editors
Markus Landert, Susanne Prinz, Hannes Brunner

Übersetzungen / Translations
Katharina Gewehr, Rupert Hebblethwaite

Lektorat / Proofreading
Cornelia Mechler, Katharina Gewehr

Gestaltung und Satz / Design and Typesetting
Hendrik Möhler, Berlin

Schrift / Typeface
Muto, Rade Matic, Offenbach am Main

Auflage / Printrun
800

Bildnachweis / Photo credit
S. 24–41 Büro Staufer und Hasler, Frauenfeld
S. 75–77 Alexander Wollert, ETH Zürich
S. 122–125 Hanno Depner
S. 170–196 Susanne Prinz, Berlin
S. 201, 208, 210, 216, 224 Stefan Rohner, St.Gallen
S. 205 / 228 Joe Joseph-Lester
S. 213 Michel Bonvin
S. 229 / 232 Hannes Brunner

Besonderer Dank geht an / Special thanks go to

Autorinnen und Autoren / Authors
Hanno Depner, Daniela Domeisen, Lorena Jaume-
Palasí, Henning Klodt, Warren Neidich,
and Astrid Staufer, together with Paolo Vitali

Realisatorinnen und Realisatoren / Realisers
Sabine Ziegenrücker, Nina Maier, Victorine Müller,
Anna Ebner, Silvia Jaklitsch, Cornelia Mechler,
Katharina Gewehr, Rupert Hebblethwaite

**Für die finanzielle Unterstützung dankt die Heraus-
geberschaft / The editors would like to appreciate their
gratitude, for the financial support, to**
Lotteriefonds des Kantons Thurgau
Ernst Göhner Stiftung
Kunstmuseum Thurgau
Kunstverein am Rosa-Luxemburg-Platz e.V., Berlin

**Die Publikation erschien anlässlich der Ausstellungen /
The publication was published on the occasion of
the exhibitions** "Hannes Brunner: Entwurfsanlagen -/+
Circular Economies" im / at Kunstverein am Rosa-
Luxemburg-Platz e.V. in Berlin sowie / and "Hannes
Brunner: Entwurfsanlagen" in / at Kunstmuseum
Thurgau, Kartause Ittingen, 2022/23.

Erschienen im / Published by
VfmK Verlag für moderne Kunst GmbH
Schwedenplatz 2/24
A-1010 Wien/Vienna
hello@vfmk.org
www.vfmk.org

ISBN 978-3-903439-68-9

Vertrieb / Distribution
Europa / Europe: LKG, www.lkg-va.de
UK: Cornerhouse Publications,
www.cornerhousepublications.org
USA: D.A.P., www.artbook.com

Die Deutsche Nationalbibliothek verzeichnet diese Publikation in der
Deutschen Nationalbibliografie; detaillierte bibliografische Daten sind
im Internet über dnb.de abrufbar.

The Deutsche Nationalbibliothek lists this publication in the Deutsche
Nationalbibliografie; detailed bibliographic data is available in the Internet at dnb.de.